Karina Lima de Queiroz

Comentários às Questões Polêmicas e Atuais dos Concursos

MAGISTRATURA E MINISTÉRIO PÚBLICO DO TRABALHO

VOLUME 5

MAURO SCHIAVI

Juiz do Trabalho na 2ª Região (São Paulo). Doutorando em Direito do Trabalho pela PUC/SP. Mestre em Direito das Relações Sociais pela PUC/SP. Professor Universitário (Graduação e Pós-Graduação). Professor do Complexo Jurídico Damásio de Jesus. Professor de Direito Processual do Trabalho do Curso CPC MARCATO. Professor Convidado do Curso de Pós-Graduação da PUC/SP (Cogeae). Professor Convidado do Curso de Pós-Graduação da Rede LFG e NTC.

COMENTÁRIOS ÀS QUESTÕES POLÊMICAS E ATUAIS DOS CONCURSOS

MAGISTRATURA E MINISTÉRIO PÚBLICO DO TRABALHO

VOLUME 5

EDITORA LTR®
SÃO PAULO

Dados Internacionais de Catalogação na Publicação (CIP)
(Câmara Brasileira do Livro, SP, Brasil)

Schiavi, Mauro
Comentários às questões polêmicas e atuais dos concursos : magistratura e ministério público do trabalho, volume 5 / Mauro Schiavi. — São Paulo : LTr, 2010.

Bibliografia.
ISBN 978-85-361-1608-2

1. Juízes trabalhistas — Concursos — Exames, questões etc. — Comentários 2. Justiça do trabalho — Brasil 3. Magistratura — Concursos — Exames, questões etc. — Comentários 4. Ministério Público — Concursos — Exames, questões etc. — Comentários I. Título.

10-09212 CDU-347.962:347.963:331(81)(079)

Índices para catálogo sistemático:

1. Concursos : Questões comentadas : Magistratura trabalhista : Direito : Brasil 347.962:347.963:331(81)(079)
2. Concursos : Questões comentadas : Ministério Público do Trabalho : Direito : Brasil 347.962:347.963:331(81)(079)

LTr®

EDITORA LTDA.

Rua Jaguaribe, 571 — CEP 01224-001 — Fone (11) 2167-1101
São Paulo, SP — Brasil — www.ltr.com.br

LTr 4316.3 2ª tiragem, agosto, 2011

Sumário

Apresentação

A cada dia os concursos da Magistratura e do Ministério Público do Trabalho se tornam mais seletivos e concorridos. Diante dos desafios constantes que enfrentam o Direito Material e Processual do Trabalho, as bancas de concursos públicos têm exigido nos certames o que existe de mais polêmico e atual destes ramos especializados da ciência jurídica.

Após longos anos de militância na Justiça do Trabalho, e ministrando aulas em faculdades de graduação e pós-graduação e, principalmente, em cursos preparatórios para a Magistratura e Ministério Público do Trabalho em vários Estados brasileiros, sentimos a necessidade de escrever o presente trabalho, pois constatamos que a principal dificuldade dos concursandos reside na redação das respostas e na escolha do material mais adequado para pesquisa e estudo.

No presente livro, selecionamos 24 questões recentes, complexas, polêmicas e atuais que foram objeto de questionamento nos mais variados concursos dos Tribunais Regionais do Trabalho brasileiros e da Procuradoria do Trabalho, e apresentamos soluções para cada indagação.

Tendo nos dedicado nos últimos anos ao estudo intenso do Direito Material e Processual do Trabalho, optamos por apresentar estudo mais profundo de cada questão abordada, citando, sempre que possível, a doutrina e a jurisprudência mais significativas sobre cada tema abordado, e as principais divergências a respeito, a fim de que o candidato possa aprofundar os estudos sobre os temas dos quais tem maiores dificuldades.

Sem pretensão de esgotar os temas, mas com o propósito de auxiliar e contribuir para os estudos de todos aqueles que se preparam para os concursos públicos ou aqueles que têm por objeto tomar contato com as questões polêmicas e atuais discutidas na esfera trabalhista, apresentamos nossas reflexões sobre cada questão.

Após o rápido esgotamento dos volumes anteriores e de suas tiragens, resolvemos elaborar o 5º volume, que é fruto de incontáveis horas de estudo, aulas em cursos preparatórios específicos, discussões com alunos e professores, inúmeras horas de militância na Justiça do Trabalho, instruindo e julgando processos.

Nosso objetivo é orientar os estudos, apresentar propostas de resolução da questão e contribuir para a reparação dos candidatos aos concursos de Magistratura e Ministério Público do Trabalho, e para aqueles que se interessam por assuntos polêmicos e atuais do Direito Material e Processual do Trabalho, bem como do Direito Constitucional e da aplicação do Direito Processual Civil no Direito Processual do Trabalho.

Neste volume, optamos também por apresentar um roteiro para a realização das provas de 1ª, 2ª, 3ª e 4ª fases, bem como sugerir uma bibliografia básica para a preparação.

Obrigado pela leitura.

Roteiro para a Realização da Prova Preambular

Nessa fase, são exigidos do candidato conhecimentos objetivos. Sinceramente, 90% dessa fase consiste em perguntas referentes a artigos de lei, súmulas e orientações jurisprudenciais.

No período de preparação, em média, 30 dias antes da prova, o estudo deve ser dividido proporcionalmente entre o tempo leitura de doutrina e de legislação.

Nos quinze dias que antecedem a primeira fase, somente a legislação deve ser lida, acrescentando a leitura da Lei de Falências e as Convenções da OIT ratificadas pelo Brasil. Deve-se dar ênfase às súmulas e OJs do TST, principalmente as mais recentes, e também às recentes alterações da legislação. Por isso, códigos atualizados são fundamentais.

Se você tem dificuldade em memorizar os artigos de lei, procure grifá-los, lê-los em voz alta ou ler e gravá-los e, posteriormente, ouvir a gravação.

Nos dez dias antes da prova, o candidato deve praticar resolvendo provas de concursos anteriores, de preferência do Tribunal para o qual está realizando concursos.

Não há tanta preocupação com o tempo, pois ele é suficiente para a realização da prova.

Quando da realização da prova, tome cuidado com as expressões: "EXCETO, SALVO, SEMPRE, NÃO, ASSINALE A ALTERNATIVA INCORRETA, ETC.", que devem ser grifadas pelo candidato. A leitura atenta de cada questão é fundamental. Nunca responda sem ler atentamente todas as alternativas, ainda que a resposta lhe pareça óbvia. Se na prova houve várias proposições, por exemplo: alternativa a) corretas I e II; b) corretas IV e V; c) incorreta somente V, assim, por diante, preste bem atenção: analise com cuidado as proposições e tente verificar quais são certas, quais são erradas. Somente vá às respostas quando feita essa operação, verificando com cuidado os termos, quais são corretas, quais são erradas.

Cuidado ao transcrever as respostas no gabarito, pois, muitas vezes, não há como trocá-lo. Alerta, reserve aproximadamente 40 minutos para a passagem do gabarito e também só o transcreva na folha de respostas oficial quando terminada a prova, pois isso evita que alguma questão seja pulada no gabarito oficial, podendo comprometer todas as outras.

Nos concursos da Magistratura Trabalhista e Ministério Público do Trabalho, a cada dia a primeira fase se torna mais difícil, trabalhosa e seletiva. Por isso, não deixe de estudar para a primeira fase, pois ela é eliminatória e muitos candidatos gabaritados podem sucumbir, saindo prematuramente da disputa.

Roteiro para a Realização da Prova Dissertativa

A prova dissertativa é o divisor de águas dos concursos da Magistratura e Ministério Público do Trabalho, pois exige do candidato um conhecimento considerável de doutrina e jurisprudência.

Costumeiramente, as provas trazem de oito a dez questões que devem ser respondidas pelo candidato na forma de dissertação ou de uma pequena dissertação. Além de enfrentar o tema proposto, deve o candidato mencionar as visões da doutrina, da jurisprudência e destacar sua própria opinião a respeito de cada questão.

Não basta simplesmente responder a pergunta, o candidato deve elaborar um texto que de certa forma "encante" o examinador, prendendo sua atenção.

A prova tem duração de quatro horas. Desse modo, procure dividir o tempo pelo número de questões para não deixar nenhuma questão sem resposta.

Penso que o candidato deve responder as questões na ordem em que foram propostas. Caso contrário, poderá estar revelando ao examinador que sabe mais a questão 5 e menos a questão 1 (por exemplo). Além disso, as respostas fora da ordem podem irritar o examinador na hora da correção, pois terá que ficar procurando as respostas.

Leia atentamente cada questão. Grife os pontos de interrogações e também a parte do enunciado da questão que acha importante, pois a folha de questões pode ser levada com o candidato.

Importante ressaltar que nessa fase não há tempo para rascunho. Por isso, se errar, use a expressão "digo", entre vírgulas, e continue a prova.

Para que não haja esquecimento de abordar todos os pontos sobre determinada questão, após a leitura da questão, na folha de rascunho, deve-se abordar uma grade de assuntos relacionados aos temas para serem desenvolvidos durante a resposta. Por exemplo, o tema dano moral pode ser abordado sob os seguintes enfoques: conceito, natureza jurídica, forma de configuração, ônus da prova, prescrição, valor da reparação etc.

Como sugestão de reposta, primeiramente o candidato deve fazer uma introdução do tema tratado na questão de aproximadamente cinco linhas, após deve desenvolver o assunto, mencionando os entendimentos da doutrina e da jurisprudência sobre o assunto (10 a 15 linhas) e, por fim, concluir (cinco linhas) com os argumentos do candidato se filiando a um ou a outro entendimento, sem desprezar os posicionamentos contrários, pois o examinador pode ter, justamente, entendimento contrário ao do candidato. Assim, uma resposta bem executada deve ter em média de 25 a 30 linhas. Entretanto, se a prova apresentar 15 ou mais questões, como acontece com alguns Regionais, e houver aproximadamente 12 minutos para cada pergunta, a resposta deve ser mais resumida (Obs.: o número de linhas para cada resposta pode variar de acordo com o tamanho da letra de cada candidato).

Não se preocupe se a tese defendida está ou não de acordo com o examinador. Entretanto, é necessário mostrar que conhece os entendimentos divergentes sobre o assunto e respeitá-los.

Expressões como "me filio ao entendimento tal", "data vênia aos argumentos contrários" etc. são mais adequadas. Nunca use "no meu entendimento", "não há lógica para o entendimento contrário". A elegância e educação na linguagem são fundamentais.

Se você lembrar o posicionamento de algum autor, nada impede de citá-lo. Também não há prejuízo se não o fizer.

A letra deve ser legível, não necessitando ser bonita. Se o candidato tiver uma letra que não pode ser entendida, deve fazer um treinamento prévio e até mesmo utilizar um caderno de caligrafia.

Assim, responda as questões na ordem em que foram propostas com introdução, fundamentação e conclusão. Nunca comece dizendo SIM ou NÃO, pois as questões perguntadas nunca têm entendimento único.

Procure não defender de forma incisiva teses arrojadas e, se possível, sustente o entendimento dominante. Se for divergir, diga "ouso divergir", "me filiando ao entendimento tal", "por entender mais justo e equânime".

Lembre-se de que a prova será corrigida por três examinadores, sendo certo que cada um pode ter um posicionamento diferente sobre a matéria.

A linguagem técnica com os termos jurídicos bem colocados é suficiente. Erros de português podem reprovar o candidato facilmente. Por isso, preste atenção na escrita. Não utilize linguagem rebuscada, e evite citações de palavras estrangeiras.

De maneira alguma identifique a prova.

O objetivo do concurso é avaliar a capacidade intelectual do candidato. Por isso, quanto mais conhecimento for demonstrado, maiores as possibilidades de aprovação.

Roteiro para a Realização da Prova de Sentença

A palavra sentença vem do latim *sentire*, que significa sentimento. Por isso, podemos dizer que a sentença é o sentimento do Juiz sobre o processo. É a principal peça da relação jurídica processual, na qual o Juiz irá decidir se acolhe ou não a pretensão posta em juízo, ou extinguirá o processo sem resolução do mérito.

A sentença para alguns é um ato de vontade. Para outros, um ato de inteligência do juiz. Entretanto, há consenso de que a sentença é o ponto culminante do processo, sendo a principal peça processual. É ato privativo do juiz (art. 162, § 1º, do CPC) e personalíssimo do magistrado, entretanto, a sentença deve seguir os requisitos legais e formais de validade (arts. 832 da CLT e 458 do CPC).

A Consolidação das Leis do Trabalho não define o conceito de sentença. Desse modo, resta aplicável ao Processo do Trabalho (art. 769 da CLT) a definição de sentença prevista no art. 162 do CPC.

O Código de Processo Civil de 1973, no art. 162, § 1º, fixava o conceito de sentença como sendo o ato pelo qual o juiz põe termo ao processo decidindo ou não o mérito da causa.

Atualmente, a Lei n. 11.232/05 alterou o conceito de sentença, pois extinguiu o processo de execução para título executivo judicial, e estabeleceu a fase de cumprimento de sentença, consagrando o chamado sincretismo processual. Desse modo, para a execução de sentença, não há mais um processo autônomo e burocrático de execução, e sim uma fase de cumprimento da sentença. Sendo assim, a sentença não extingue mais o processo, e sim o seu cumprimento.

Dispõe o § 1º do art. 162 do CPC, com a redação dada pela Lei n. 11.232/05: "Sentença é o ato do juiz que implica alguma das situações previstas nos arts. 267 e 269 desta Lei".

Conforme se constata da redação do citado dispositivo legal, a sentença não põe mais fim ao processo, e sim implica numa das hipóteses do art. 267 do CPC, que consagra as hipóteses de extinção do processo sem resolução do mérito, ou do art. 269 do CPC, que estabelece as hipóteses de resolução do mérito.

Requisitos Estruturais da Sentença Trabalhista

Os requisitos estruturais da sentença trabalhista estão elencados no art. 832 da CLT, *in verbis:*

> Art. 832. Da decisão deverão constar o nome das partes, o resumo do pedido e da defesa, a apreciação das provas, os fundamentos da decisão e a respectiva conclusão. § 1º Quando a decisão concluir pela procedência do pedido, determinará o prazo e as condições para o seu cumprimento. § 2º A decisão mencionará sempre as custas que devam ser pagas pela parte vencida. § 3º As decisões cognitivas ou homologatórias deverão sempre indicar a natureza jurídica das parcelas constantes da condenação ou do acordo homologado, inclusive o limite de responsabilidade de cada parte pelo recolhimento da contribuição previdenciária, se for o caso *(acrescentado pela Lei n. 10.035/00)* § 4º A União será intimada das decisões homologatórias de acordos que contenham parcela indenizatória, na forma do art. 20 da Lei n. 11.033, de 21 de dezembro de 2004, facultada a interposição de recurso relativo aos tributos que lhe forem devidos. *(redação dada pela Lei n. 11.457/07)* § 5º Intimada da sentença, a União poderá interpor recurso relativo à discriminação de que trata o § 3º deste artigo. *(acrescentado pela Lei n. 11.457/07)* § 6º O acordo celebrado após o trânsito em julgado da sentença ou após a elaboração dos cálculos de liquidação de sentença não prejudicará os créditos da União. *(acrescentado pela Lei n. 11.457/07)* § 7º O Ministro de Estado da Fazenda poderá, mediante ato fundamentado, dispensar a manifestação da União nas decisões homologatórias de acordos em que o montante da parcela indenizatória envolvida ocasionar perda de escala decorrente da atuação do órgão jurídico. *(acrescentado pela Lei n. 11.457/07)*.[(1)]

Diante do referido dispositivo legal, são requisitos estruturais da sentença: a) relatório; b) fundamentação e c) conclusão.

a) Relatório

O relatório é um pequeno resumo do processo, em que são mencionados o resumo do pedido e da contestação, bem como as principais passagens do processo.

O art. 832 da CLT exige que o relatório contenha o nome das partes e o resumo do pedido e da defesa.

---

(1) No mesmo sentido é o disposto no art. 458 do CPC, *in verbis*: "São requisitos essenciais da sentença: I — o relatório, que conterá os nomes das partes, a suma do pedido e da resposta do réu, bem como o registro das principais ocorrências havidas no andamento do processo; II — os fundamentos, em que o juiz analisará as questões de fato e de direito; III — o dispositivo, em que o juiz resolverá as questões, que as partes lhe submeterem".

Um bom relatório de sentença trabalhista, além de mencionar o nome das partes, o resumo do pedido e da defesa, deve fazer menção às principais passagens do processo, como as atas de audiência e as provas mais relevantes produzidas nos autos, como perícia, inspeções etc.

Segundo a doutrina, a finalidade do relatório é a transparência do julgamento em que o Juiz mostra que leu integralmente o processo e está apto a prolatar a decisão.

Atualmente, o relatório tem sido cada vez mais desprestigiado pela doutrina como pela jurisprudência, pois não há como se decidir sem que o Juiz tenha estudo atentamente o processo. No rito sumaríssimo trabalhista ele foi suprimido (Lei n. 9.957/00).

b) Fundamentação

Sem dúvida, a fundamentação é parte mais importante da sentença, pois é neste momento que o Juiz do Trabalho apreciará os argumentos que embasam a causa de pedir, as razões pelas quais o reclamado opõe resistência à pretensão do autor, valorará as provas existentes nos autos e fará a subsunção dos fatos provados ao Direito.

A fundamentação é uma garantia da cidadania e um direito fundamental do cidadão. Embora a exigência da fundamentação não conste do art. 5º da Constituição Federal, e sim do art. 93, IX, trata-se de uma regra que decorre do devido processo legal e, portanto, trata-se de um direito fundamental.

Desse modo, a sentença trabalhista deve apreciar toda a matéria discutida nos autos, tanto a processual como as questões de mérito. De outro lado, o Juiz é livre para fundamentar e expor as razões de seu convencimento. Não há necessidade de rebater ou apreciar todas as razões da inicial e da defesa, e sim colocar os argumentos que foram decisivos para o seu convencimento, conforme o princípio da persuasão racional, ou livre convencimento motivado previsto no art. 131 do CPC. Outrossim, devem ser apreciados todos os pedidos e os requerimentos de defesa, como, por exemplo, aplicação de litigância de má-fé etc.

c) Conclusão

Diz o art. 832 da CLT que dá sentença deve constar a *conclusão.*

A conclusão, também chamada de *dispositivo* ou *decisum*, embora seja uma etapa mais simplificada para o Juiz do que a fundamentação, segundo a doutrina, é a parte mais importante da decisão, pois é nela que estará mencionada a condenação ou absolvição do reclamado, bem como especificará as parcelas objeto da condenação, e os parâmetros para cumprimento da sentença. Sob outro enfoque, somente o dispositivo transita em julgado, conforme o art. 469 do CPC.(2)

---

(2) Art. 469 do CPC: "Não fazem coisa julgada: I — os motivos, ainda que importantes para determinar o alcance da parte dispositiva da sentença; II — a verdade dos fatos, estabelecida como fundamento da sentença; III — a apreciação da questão prejudicial, decidida incidentemente no processo".

Além das verbas objeto da condenação, o dispositivo da sentença deve conter:

a) parâmetros para liquidação das parcelas, bem como a modalidade de liquidação e época própria de correção monetária;

b) a responsabilidade pelos recolhimentos fiscais e previdenciários, bem como especificar quais parcelas serão objeto de incidência das parcelas devidas ao INSS, conforme o § 3º do art. 832 da CLT;

c) quando houver obrigações de fazer ou não fazer, o prazo para cumprimento, bem como eventuais coerções pecuniárias para cumprimento;

d) as custas que serão sempre 2% do valor da condenação (se procedente ou procedente em parte o pedido), se improcedente sobre o valor atribuído à causa;

e) o prazo para cumprimento. Como regra geral, a sentença deve ser cumprida no prazo de oito dias após o trânsito em julgado;

f) por fim, o dispositivo deve fazer menção à intimação das partes. Se a decisão for proferida em audiência ou pela Súmula n. 197 do C. TST, as partes já sairão cientes na própria audiência ou na data agendada para a audiência de julgamento.

DA PROVA DE SENTENÇA TRABALHISTA

A fase da sentença é a mais sofisticada do concurso, pois exige, além do conhecimento do direito, técnica da redação, equilíbrio e ponderação do candidato ao decidir.

Trata-se de prova prática e em muito se assemelha aos processos que tramitam pelas Varas Trabalhistas. Desse modo, a prática da sentença é fundamental.

Treine, pelo menos quatro semanas antes da prova, com processos, ou resolvendo problemas propostos em livros, e também em provas de sentença de concursos anteriores. As provas de concursos anteriores podem ser obtidas nas Secretarias de Concursos dos Tribunais ou na internet. Quanto mais você treinar, maiores as chances de aprovação.

Não há necessidade de grandes estudos doutrinários ou jurisprudenciais, pois essa etapa já foi vencida com a segunda fase. Agora é necessário aplicar, num caso concreto, toda a teoria e conhecimento jurídico que você adquiriu, o que necessita treino e estratégia.

Os examinadores, nesta fase, não estão procurando demonstração exaustiva de conhecimentos doutrinários, pois já foram apurados na segunda fase. Nesse momento, será apurado se o candidato é capaz de resolver o problema proposto e dar uma solução justa e razoável ao conflito.

Como se trata de concurso seletivo, onde somente as melhores provas serão chanceladas, é necessário que se faça uma sentença equilibrada com todos os requisitos da lei.

Assim, o candidato deve começar o treinamento praticando sentenças com todos os requisitos formais do CPC e da CLT, apreciando os pedidos em ordem lógica, primeiramente as preliminares, após as prejudiciais de mérito e o mérito.

Caso possível, nesta fase, aconselho o candidato a procurar um cursinho rápido de aproximadamente cinco aulas, ou uma pessoa que possa corrigir suas sentenças feitas, de preferência um juiz do Trabalho, que faz sentenças diariamente.

Neste momento, não faça estudo de doutrina, somente estude aqueles temas que não assimilou bem anteriormente e que tem alguma dúvida.

Não se apavore. Comece treinando com calma. Primeiro, faça sentenças fáceis e vá aumentando gradativamente a dificuldade. Não tenha medo de pôr no papel o que você sabe. Essa aliás é a maior dificuldade dessa fase do certame, pois muitos não conseguem aplicar todo o conhecimento que adquiriam. Por isso, o treino é fundamental.

Sempre a cada sentença procure esquecer o menor número possível de detalhes. Lembre-se que a sentença de concurso não deve deixar margem para embargos de declaração.

Escreva com as próprias palavras. Deixe de lado a doutrina e a jurisprudência. Construa seu raciocínio com toda a doutrina e a jurisprudência que você estudou e tem na cabeça.

Se as primeiras sentenças demorarem ou não saírem boas, não desanime. Vá em frente, pois as próximas sairão um pouco melhor e assim por diante, até chegar a um nível satisfatório.

DICAS GERAIS PARA TREINAMENTO E RESOLUÇÃO DA PROVA DE SENTENÇA

a) A prova deve ser terminada, pois não existe meia sentença. Sentença não acabada é reprovação na certa. Assim, quando dos treinamentos, procure sempre chegar ao fim da sentença.

b) Deve haver um equilíbrio entre relatório, fundamentação e conclusão. Entretanto, a ênfase deve estar na fundamentação.

c) O relatório é menos importante que as outras partes da sentença e não tem tanto valor na correção da prova. Em muitas provas, ele é até dispensável. Por isso, se a prova é longa, sacrifique o relatório, fazendo-o bem resumido, mas não a fundamentação. Entretanto, se a prova o exigir, sua ausência acarreta nulidade absoluta da sentença. Conforme o *caput* do art. 832 da CLT, do relatório devem constar o nome das partes, o resumo do pedido e da defesa. Também, segundo a praxe, devem ser mencionadas as principais passagens do processo, como audiências, laudos periciais e manifestações das partes.

d) Uma folha de rascunho ao lado é fundamental, para que sejam selecionadas as preliminares que sempre vêm misturadas na defesa, as prejudiciais, e ordenadas as matérias que devem ser apreciadas na parte meritória.

e) Não faça rascunho da sentença, pois na hora da prova será impossível fazê-lo. Treine sem fazer rascunho. Se errar, risque, escreva "digo" e siga em frente.

f) Faça letra legível, não necessariamente bonita.

g) Todos os pedidos devem ser apreciados, senão a sentença será nula (*citra petita*). Por isso, preste atenção nos pedidos da inicial, vá grifando os que já forem apreciados. Também preste atenção nos requerimentos de defesa (compensação, retenção, aplicação do art. 940 do CC, reconvenção, ação declaratória incidental etc.).

h) Não se preocupe com a posição do examinador. Em diversos concursos, vários candidatos são aprovados com teses totalmente distintos no corpo da sentença. Procure fundamentar bem de acordo com a prova dos autos, citando o artigo de lei, mas não o transcrevendo, pois não dá tempo. As citações das OJs e Súmulas do TST também são pertinentes, mas sem transcrevê-las.

i) As matérias mais controvertidas devem ter fundamentação robusta, como, por exemplo: estabilidade do acidentado, transação (PDV), aposentadoria como causa extintiva do contrato de trabalho, terceirização, grupo econômico, justa causa, dano moral, vínculo de emprego etc. Já outras matérias, como multa do art. 477 da CLT, honorários advocatícios, art. 467 da CLT, assistência judiciária gratuita, devem ter fundamentação concisa.

j) Não extrapole os limites da lide, pois o provimento jurisdicional está balizado pelo pedido e causa de pedir (arts. 128 e 460 do CPC). Isso não significa que não possa ser aplicável de ofício o art. 467 da CLT ou convertida a reintegração em indenização, ainda que não tenha pedido expresso.

k) Quanto ao ônus da prova, procure seguir o art. 333 do CPC e as Súmulas do TST referentes ao ônus da prova (por exemplo: Súmulas ns. 68 e 212 do TST). A aplicação do art. 818 da CLT é minoritária.

l) Preste atenção aos pedidos cautelares e de antecipação de tutela e as liminares. Se as liminares foram deferidas antes da sentença, você deve dizer se a mantém ou não. Caso o requerimento de tutela antecipada ainda não tenha sido apreciado, você deve apreciá-lo no corpo da sentença (OJ n. 51 da SDI-II do C. TST) e mencionar as providências para cumprimento (astreintes etc.).

m) O dispositivo deve ser completo e direto. Não diga, por exemplo, julgo procedentes em parte os pedidos formulados na forma da fundamentação, pois a jurisprudência vem se posicionando no sentido de que tal dispositivo indireto é nulo, somente o utilize se não houve tempo para terminar a prova, como forma de salva-lá. No dispositivo, devem ser mencionados: a forma de liquidação, os juros e correção monetária, bem como a época própria da incidência dos juros, a quem cabem os recolhidos fiscais e previdenciários, qual a responsabilidade de cada parte, quem é responsável pelos recolhimentos e sobre quais parcelas deferidas incidem os recolhimentos (art. 832, § 3º, da CLT). Também devem ser mencionadas as custas (2% sobre o valor da condenação, em caso de procedência ou procedência em parte, ou sobre o valor da causa em caso de improcedência, nos termos do § 1º do art. 832 da CLT).

Com relação aos recolhimentos previdenciários e fiscais, procure seguir a diretriz da Súmula n. 368 do TST, bem como os Provimentos do TST sobre a matéria.

Quanto à forma de intimação, preste atenção se a sentença está sendo proferida em audiência (Súmula n. 197 do C. TST) ou não.

n) A fundamentação deve ser serena, sem palavras de efeito. A redação deve ser técnica, com o uso de termos técnicos e jurídicos. Procure se familiarizar e utilizar a linguagem técnica. Somente use termos em latim se dominá-los, inclusive a grafia. Somente use linguagem rebuscada se este for seu estilo.

SUGESTÃO PARA REALIZAR A PROVA NO DIA DO CONCURSO

1) No dia da prova, não estude antes, descanse e reserve as energias para o momento da batalha, que será exaustiva.

2) Ao receber a prova, não se desespere. Respire fundo e comece a lê-la com atenção, grifando as passagens que lhe chamaram atenção. Você tem quatro horas para resolver o problema, apreciando todos os pedidos e chegar no dispositivo.

3) Após, leia novamente a prova, separando na folha de rascunho as preliminares, as prejudiciais de mérito e a matéria de mérito, na ordem lógica de apreciação. ADVERTÊNCIA: não comece a prova antes dessa providência, pois a prova é escrita e não dá para voltar (tempo = 20 minutos).

4) Posteriormente, se for exigido, redija o relatório em aproximadamente 20 minutos, com atenção, observando os elementos constantes dos autos para a posterior fundamentação.

5) Uma vez confeccionado o relatório, enfrente a fundamentação. Redija a fundamentação no prazo médio de 2 horas e 50 minutos.

6) Feita a fundamentação, redija o dispositivo com atenção em 20 minutos, sem esquecer de mencionar as obrigações de fazer, se houver, os recolhimentos previdenciários e fiscais, a quem cabem, e quais os parâmetros para apuração.

7) Reserve dez minutos para uma lida final geral, para eventuais correções de palavras e pequenos erros de português.

8) Não identifique a prova e não a assine. É melhor nem colocar JUIZ DO TRABALHO. Encerre a prova o intimem-se. Ou cientes, em caso de sentença proferida em audiência (Súmula n. 197 do C. TST).

Algumas Palavras Sobre a Prova Oral

É a fase final, onde o candidato precisa de um fôlego adicional para enfrentá-la e sair vitorioso.

Até esta fase, as provas não são identificadas e ninguém conhece os candidatos. Nesse momento, a Banca Examinadora passará a conhecer você. Por isso, não cometa erros banais, para não pôr tudo a perder.

A arguição é pública. Sendo assim, o candidato deve se acostumar com essa ideia e também a falar ao microfone.

O controle da ansiedade é fundamental.

Não há um estudo específico para esta fase, pois praticamente tudo já foi estudado. Entretanto, não entre nessa de "já ganhou", pois o concurso ainda não acabou. Aliás, a maratona somente termina com a posse.

Como você acabou de sair da fase de sentença, procure rememorar assuntos que ficaram um pouco esquecidos, tais como: direito coletivo, execução, recursos, dissídio coletivo etc.

O estudo nesta fase não deve ser exaustivo, pois as energias devem ser guardas para a data do sorteio e dia da execução da prova.

Pelo menos uma vez por dia tente sentar-se corretamente na cadeira e pedir para alguém fazer perguntas sobre a matéria e você respondê-las oralmente, como se estivesse sendo arguido na sessão. Procure se policiar nas respostas, utilizando os termos técnicos, prestando atenção na correção do português e também na repetição de palavras. Você mesmo pode selecionar perguntas e respostas sobre a matéria.

Nesta fase, um cursinho rápido ou uma orientação específica de um magistrado são recomendados. Se você estiver em pânico, a consulta de um psicólogo também é aconselhável.

Um dia antes da prova o candidato sorteará o ponto, perante a Banca. Nesse dia, vá com a vestimenta de tradição forense. Seja educado, pegue seu ponto e vá para casa estudar. Só volte no dia seguinte para executar a prova.

Nas 24 horas que antecedem a prova, o lema é: estudar, estudar, estudar... Não acredite nos que dizem que o estudo de última hora não serve. Salvo algumas exceções, dá tempo de estudar todo o ponto nesse período.

O público presente à sessão em sua grande maioria compõe-se de estudantes de direito e aspirantes à vaga na magistratura. Não se importe com a presença do público. Você deve estar concentrado apenas no que foi perguntado e o que irá ser respondido.

A ansiedade passa quando você senta na cadeira e cumprimenta os membros da Banca Examinadora. A partir daí, o exame vira uma espécie de "bate-papo" formal e educado sobre Direito. E é assim que você deve encarar a prova.

Na hora de sentar-se à cadeira, procure apoiar as mãos; se necessário, coloque-as em cima da carteira, para evitar que elas se mexam com o nervosismo. Fique com a postura correta e olhe nos olhos dos examinadores. Esqueça o que estiver ao redor.

Quando vier a primeira pergunta, relaxe, deixe o examinador terminar de falar, ouvindo com calma o que foi perguntado. Respire fundo, organize a resposta na cabeça e comece a responder.

Dicas para a realização da prova:

a) entre discretamente, espere a Banca o cumprimentar. Diga boa-tarde, bom-dia etc. Nada de saldar a Banca;

b) lembre-se que esta pode ser a grande chance de sua vida, por isso, cuidado com o excesso de arrogância. Humildade e simpatia não fazem mal a ninguém, principalmente para agradar a Banca, pois, para eles, você é apenas mais um concorrente. Entretanto, as perguntas devem ser respondidas com firmeza e boa fundamentação;

c) a prova apresenta questões fáceis, objetivas, com resposta na própria lei, questões conceituais e questões polêmicas. Questões objetivas devem ser respondidas objetivamente, sem rodeios; questões conceituais, com a menção do conceito, e as questões polêmicas, mostrando a dificuldade da questão, a controvérsia e o ponto de vista do candidato, sem desprezar os entendimentos contrários. Se divergir do examinador, diga com humildade "respeito o entendimento contrário, entretanto, neste momento, me parece mais acertado o entendimento que defendo";

d) tratar os examinadores por Vossa Excelência;

e) demonstre calma. Nunca diga "não sei". Se der branco, diga "não me ocorre no momento", "não me recordo", etc.;

f) não discuta jamais com a Banca. Se o examinador insistir na pergunta, se estiver seguro, procure não mudar seu entendimento, mas sempre respeitando o entendimento contrário;

g) respeite as perguntas, ainda que possam parecer extremamente simples;

h) procure não citar o pensamento de autores, pois determinado examinador pode ter antipatia pelo autor que você citou. Além disso, o examinador está preocupado em saber qual é o seu ponto de vista e não de determinado autor consagrado.

Bibliografia Mínima Sugerida para as Provas da Magistratura e Ministério Público do Trabalho

DIREITO DO TRABALHO

BARROS, Alice Monteiro de. *Curso de direito do trabalho*. São Paulo: LTr.

BONFIM, Vólia. *Curso de direito do trabalho*. Rio de Janeiro: Impetus.

DELGADO. Mauricio Godinho. *Curso de direito do trabalho*. São Paulo: LTr.

________. *Direito coletivo do trabalho*. São Paulo: LTr.

GARCIA, Gustavo Filipe. *Curso de direito do trabalho*. São Paulo: Método.

NASCIMENTO, Amauri Mascaro. *Curso de direito do trabalho*. São Paulo: Saraiva.

________. *Compêndio de direito sindical*. São Paulo: LTr.

OLIVEIRA, Sebastião Geraldo de. *Indenizações por acidente de trabalho e doenças profissionais*. São Paulo: LTr.

RODRIGUEZ, Américo Plá. *Princípios de direito do trabalho*. São Paulo: LTr.

SCHIAVI, Mauro. *Ações de reparação por danos morais decorrentes da relação de trabalho*. São Paulo: LTr.

________. *Comentários às questões polêmicas e atuais dos concursos:* Magistratura e Ministério Público do Trabalho. Volume 1. São Paulo: LTr.

________. *Comentários às questões polêmicas e atuais dos concursos:* Magistratura e Ministério Público do Trabalho. Volume 2. São Paulo: LTr.

________. *Comentários às questões polêmicas e atuais dos concursos:* Magistratura e Ministério Público do Trabalho. Volume 3. São Paulo: LTr.

________. *Comentários às questões polêmicas e atuais dos concursos:* Magistratura e Ministério Público do Trabalho. Volume 4. São Paulo: LTr

SILVA, Homero Batista. *Curso de direito do trabalho aplicado*. Volumes 1 a 10. São Paulo: Campus.

SOUTO MAIOR, Jorge Luiz. *Curso de direito do trabalho*. Volume II. São Paulo: LTr.

DIREITO PROCESSUAL DO TRABALHO

ALMEIDA, Cléber Lúcio de. *Direito processual do trabalho*. Belo Horizonte: Del Rey.

BEBBER, Júlio César. *Recursos no processo do trabalho*. São Paulo: LTr.

BEZERRA LEITE, Carlos Henrique. *Curso de direito processual do trabalho*. São Paulo: LTr.

________. *Ministério Público do Trabalho*. São Paulo: LTr.

MARTINS FILHO, Ives Gandra. *Processo coletivo do trabalho*. São Paulo: LTr.

SIMÃO DE MELO, Raimundo. *Ação civil pública na justiça do trabalho*. São Paulo: LTr.

_______. *Processo coletivo do trabalho*. São Paulo: LTr.

TEIXEIRA FILHO, Manoel Antonio. *A prova no processo do trabalho*. São Paulo: LTr.

_______. *Recursos no processo do trabalho*. São Paulo: LTr.

SCHIAVI, Mauro. *Manual de direito processual do trabalho*. São Paulo: LTr.

_______. *Execução no processo do trabalho*. São Paulo: LTr.

_______. *Provas no processo do trabalho*. São Paulo: LTr.

_______. *Competência material da justiça do trabalho brasileira*. São Paulo: LTr.

_______. *A revelia no direito processual do trabalho*. São Paulo: LTr.

DIREITO PROCESSUAL CIVIL

DESTEFENNI, Marcos. *Curso de direito processual civil*. São Paulo: Saraiva.

DIDIER JÚNIOR, Fredie. *Curso de direito processual civil* (vários volumes). Salvador: Jus Podivm.

DINAMARCO, Cândido Rangel. *Instituições de direito processual civil*. Volumes I a IV. São Paulo: Malheiros.

NERY JÚNIOR, Nélson; NERY, Rosa Maria de Andrade. *Código de Processo Civil comentado e legislação extravagante*. São Paulo: RT.

NEVES, Daniel Amorim Assumpção. *Manual de direito processual civil*. São Paulo: Método.

DIREITO ADMINISTRATIVO

MEIRELLES, Hely Lopes. *Direito administrativo*. São Paulo: Malheiros.

PIETRO, Maria Sylvia Zanella. *Direito administrativo*. São Paulo: Atlas.

DIREITO INTERNACIONAL PÚBLICO E DIREITO COMUNITÁRIO

HUSEK, Carlos Roberto. *Curso de direito internacional público*. São Paulo: LTr.

SÜSSEKIND, Arnaldo. *Convenções da OIT*. São Paulo: LTr.

DIREITO PREVIDENCIÁRIO

HORVATH JÚNIOR, Miguel. *Direito previdenciário*. São Paulo: Quatier Latin.

DIREITO COMERCIAL

COELHO, Fábio Ulhoa. *Manual de direito comercial*. São Paulo: Saraiva.

DIREITO PENAL

GONÇALVES, Vitor Eduardo Rios. *Sinopses jurídicas*. São Paulo: Saraiva.

DIREITO CONSTITUCIONAL

LENZA, Pedro. *Direito constitucional esquematizado*. São Paulo: Saraiva.

MORAES, Alexandre. *Direito constitucional*. São Paulo: Atlas.

SILVA, José Afonso da. *Curso de direito constitucional positivo*. São Paulo: Malheiros.

TAVARES, André Ramos. *Curso de direito constitucional*. São Paulo: Saraiva.

DIREITO CIVIL

GONÇALVES, Carlos Roberto. *Sinopses de direito civil*. Volumes 1, 5, 6 e 6, tomo II. São Paulo: Saraiva.

PAMPLONA FILHO, Rodolfo e STOLZE, Pablo Gagliano. *Novo curso de direito civil*. Volumes I a IV, relativos a parte geral, obrigações e contratos e responsabilidade civil. São Paulo: Saraiva.

TEORIA GERAL DO DIREITO, FIOLOFIA DO DIREITO E SOCIOLOGIA JURÍCIA

DINIZ, Maria Helena. *Compêndio de introdução à ciência do direito*. São Paulo: Saraiva.

SILVA, José Antonio Ribeiro de Oliveira; COSTA, Fábio Natali; BARBOSA, Amanda. *Magistratura do Trabalho:* formação humanística e temas fundamentais do direito. São Paulo: LTr.

REVISTAS ESPECIALIZADAS

Revista LTr

Suplemento LTr

QUESTÕES DE DIREITO MATERIAL

1. Novação no Direito do Trabalho

TRT 2ª Região — 2010

Discorra sobre a novação no Direito do Trabalho e eventuais reflexos na órbita processual trabalhista.

A novação é instituto de natureza civilista, disciplinado nos arts. 360 a 367 do CC, estando inserida em seu Título III, que se reporta ao Adimplemento e Extinção das Obrigações.

Conforme a lição de *Maria Helena Diniz*:[(1)] "a novação vem a ser o ato que cria uma nova obrigação, destinada a extinguir a precedente, substituindo-a".

Segundo a doutrina, a novação pode ser *objetiva ou real*, quando se altera o objeto da relação jurídica, mantendo-se as mesmas partes dos polos ativo e passivo da obrigação; e *subjetiva ou pessoal*, quando se alteram os sujeitos passivo ou ativo da relação jurídica, mantendo-se a obrigação.

Nesse sentido dispõe o art. 360 do CC, *in verbis*:

> Art. 360. Dá-se a novação: I — quando o devedor contrai com o credor nova dívida para extinguir e substituir a anterior; II — quando novo devedor sucede ao antigo, ficando este quite com o credor; III — quando, em virtude de obrigação nova, outro credor é substituído ao antigo, ficando o devedor quite com este.

O Direito do Trabalho se preocupa não só com o presente, mas com o futuro do trabalhador. Por isso, há grande interesse social de que a relação de emprego dure o máximo de tempo, a fim de que o trabalhador possa ter garantida a sua fonte de renda e melhoria de sua condição social.

O princípio da continuidade faz com que a relação de emprego sobreviva aos períodos de suspensão e interrupção do contrato de trabalho e constitui presunção

(1) *Código Civil anotado*. 11. ed. São Paulo: Saraiva, 2005. p. 358.

favorável ao trabalhador, havendo dúvida sobre a contratação por prazo determinado ou sobre a iniciativa da rescisão contratual. Também por este princípio, a contratação por prazo determinado somente é possível quando autorizada pela legislação.

Por ser um contrato que perdura no tempo, o contrato de trabalho pode sofrer alterações, que podem ser de ordens objetiva e subjetiva.

No que tange às alterações objetivas do contrato de trabalho, cumpre destacar que o contrato de trabalho é por trato sucessivo, ou seja, se prolonga do tempo. Por isso, há possibilidade de sofrer alterações, conforme a dinâmica empresarial.

Não obstante, diante do princípio da intangibilidade objetiva do contrato de trabalho, as alterações contratuais não podem prejudicar os direitos dos trabalhadores.

O empregador detém o poder diretivo e pode alterar determinadas condições de trabalho (*jus variandi*) que não modifiquem as cláusulas principais do contrato de trabalho. Desse modo, o empregador pode, por exemplo, unilateralmente, alterar o horário do trabalhador dentro do período diurno, pode alterar o local da prestação de serviços, sem alteração no local de residência do trabalhador, pode, nos limites da qualificação profissional do autor, alterar determinadas atividades do empregado etc.

Outrossim, unilateralmente, o empregador não poderá alterar cláusulas contratuais que alterem o conteúdo do contrato de trabalho, como a função, a forma de pagamento, o salário etc.

O empregado, diante das alterações contratuais ilícitas e também as que violem norma de ordem pública, a moral e os bons costumes, poderá se valer do chamado direito de resistência (*jus resitentiae*), e declarar extinto o contrato de trabalho por culpa do empregador (art. 483 da CLT).

A Consolidação das Leis do Trabalho disciplina a questão no art. 468, que assim dispõe:

> Art. 468. Nos contratos individuais de trabalho só é lícita a alteração das respectivas condições por mútuo consentimento, e, ainda assim, desde que não resultem, direta ou indiretamente, prejuízos ao empregado, sob pena de nulidade da cláusula infringente desta garantia. Parágrafo único. Não se considera alteração unilateral a determinação do empregador para que o respectivo empregado reverta ao cargo efetivo, anteriormente ocupado, deixando o exercício de função de confiança.

Conforme o referido dispositivo, são dois os requisitos para a admissibilidade de alterações contratuais que modifiquem o conteúdo do contrato de trabalho:

a) mútuo consenso: o empregado tem que concordar com a alteração contratual. Esse consentimento pode ser expresso ou tácito, escrito ou verbal (art. 442 da CLT). Não obstante, quanto ao consenso tácito, ele deve ser aferido com mais rigor, segundo as circunstâncias do caso concreto. De outro lado, o empregado não poderá alterar o contrato de trabalho, uma vez que essa faculdade é inerente ao empregador.

Entretanto, se a iniciativa da alteração contratual partir do empregado e o empregador com ela concordar, ela poderá ser levada a efeito, presumindo-se que ela não é prejudicial ao trabalhador;

b) ausência de prejuízo ao trabalhador: este requisito, que é o mais importante na questão das alterações contratuais, exige que ela não traga prejuízos do trabalhador. O prejuízo deve ser avaliado não só quando do momento da alteração, mas também em tempo razoável futuro, pois, muitas vezes, no presente a alteração não é prejudicial, mas no mês seguinte os prejuízos são evidentes. O prejuízo não é somente o econômico, mas também moral, técnico ou até mesmo social.

A jurisprudência tem admitido a alteração contratual unilateral pelo empregador quando o empregado deixar de trabalhar em condições adversas ou nocivas para a sua saúde, como a repressão de horas extras, a alteração do horário noturno para diurno e a transferência de local de trabalho de insalubre para salubre e de perigoso para não perigoso. Nessas situações, o empregado deixará de receber horas extras, adicional noturno e adicional de insalubridade ou periculosidade.

Nesse sentido, destacam-se as Súmulas ns. 265 e 291 do Tribunal Superior do Trabalho.

> Súmula n. 265: *ADICIONAL NOTURNO. ALTERAÇÃO DE TURNO DE TRABALHO. POSSIBILIDADE DE SUPRESSÃO (mantida) — Res. 121/2003, DJ 19, 20 e 21.11.2003*
>
> A transferência para o período diurno de trabalho implica a perda do direito ao adicional noturno.
>
> Súmula n. 291: *HORAS EXTRAS (mantida) — Res. 121/2003, DJ 19, 20 e 21.11.2003*
>
> A supressão, pelo empregador, do serviço suplementar prestado com habitualidade, durante pelo menos 1 (um) ano, assegura ao empregado o direito à indenização correspondente ao valor de 1 (um) mês das horas suprimidas para cada ano ou fração igual ou superior a seis meses de prestação de serviço acima da jornada normal. O cálculo observará a média das horas suplementares efetivamente trabalhadas nos últimos 12 (doze) meses, multiplicada pelo valor da hora extra do dia da supressão.

Também a jurisprudência tem permitido a alteração unilateral do contrato de trabalho quanto ao trabalho em condições insalubres, perigosas ou penosas para locais de trabalho onde não haja esses agentes nocivos à saúde do trabalhador.

As alterações ilícitas do contrato de trabalho podem ser questionadas pelo empregado na Justiça do Trabalho, com pedidos de nulidade das alterações havidas por violação ao art. 468 da CLT, ou com pedidos de rescisão indireta do contrato de trabalho (art. 483 da CLT). A Justiça do Trabalho poderá, se presentes os requisitos do art. 273 do CPC, conceder a tutela antecipada, determinando que o empregador desfaça a alteração havida.

Quanto ao prazo prescricional para se questionar, na Justiça do Trabalho, as alterações contratuais lesivas, dispõe a Súmula n. 294 do Tribunal Superior do Trabalho:

PRESCRIÇÃO. ALTERAÇÃO CONTRATUAL. TRABALHADOR URBANO (mantida) — Res. 121/2003, DJ 19, 20 e 21.11.2003

Tratando-se de ação que envolva pedido de prestações sucessivas decorrente de alteração do pactuado, a prescrição é total, exceto quando o direito à parcela esteja também assegurado por preceito de lei.

Prestações sucessivas são aquelas que se repetem durante o vínculo de emprego, como, por exemplo, uma gratificação de função ajustada, cujo pagamento é mensal. Caso esta gratificação contratual seja suprimida, segundo a citada Súmula do TST, a prescrição terá início a partir da supressão, tendo o empregado o prazo de dois anos para discutir a licitude da alteração na Justiça do Trabalho, a partir da alteração.

Somente não incidirá a regra da Súmula em questão se a parcela estiver assegurada por lei, como, por exemplo, o adicional de insalubridade suprimido unilateralmente pelo empregador, sem alteração nas condições do ambiente insalubre.

No nosso sentir, a Súmula n. 294 colide com o art. 7º, XXIX, da Constituição Federal, que não faz distinção entre prestações sucessivas ou não sucessivas para fins de incidência do prazo prescricional. De outro lado, toda alteração contratual realizada pelo empregador também está tutelada por lei (art. 468 da CLT).

Portanto, o único prazo a incidir será o do art. 7º, XXIX, da Constituição Federal.

Quanto à novação subjetiva (alterações de ordem subjetiva) do contrato de trabalho, temos a sucessão de empresas ou empregadores.

Sob o enfoque trabalhista, conceitua Mauricio Godinho Delgado: "Sucessão de empregadores é figura regulada pelos arts. 10 e 448 da CLT. Consiste no instituto justrabalhista em virtude do qual se opera no contexto da transferência de titularidade de empresa ou estabelecimento, uma completa transmissão de crédito e assunção de dívidas trabalhistas entre alienante e adquirente envolvidos" (*Curso de direito do trabalho*. 6ª ed. São Paulo: LTr, 2007. p. 408).

Alguns doutrinadores preferem utilizar a expressão "sucessão de empregadores", pois a alteração se dá em face do empregador e não da empresa que continua. Outros sustentam a possibilidade de haver sucessão de empresas.

Segundo a melhor doutrina, a sucessão trabalhista, disciplinada nos arts. 10 e 448 da CLT, tem fundamento nos princípios da continuidade do contrato de trabalho, despersonalização do empregador e na inalterabilidade do contrato de trabalho. Por isso, quem responde pelo crédito trabalhista é a empresa e não quem esteja no seu comando.

Dispõe o art. 10 da CLT: "Qualquer alteração na estrutura jurídica da empresa não afetará os direitos adquiridos por seus empregados".

No mesmo sentido é o art. 448 da CLT: "A mudança na propriedade ou na estrutura jurídica da empresa não afetará os contratos de trabalho dos respectivos empregados".

São hipóteses típicas de sucessão para fins trabalhistas: a transferência de titularidade da empresa, fusão, incorporação e cisão de empresas, contratos de concessão e arrendamento e também as privatizações de antigas estatais.

Para a doutrina clássica, são requisitos da sucessão para fins trabalhistas: a) transferência de uma unidade empresarial econômica de produção de um titular para outro; b) inexistência de solução de continuidade do contrato de trabalho, vale dizer, o empregado da empresa sucedida deve trabalhar para a empresa sucessora. Para a moderna doutrina, à qual me filio, com apoio da atual jurisprudência dos Tribunais, não há necessidade de que o empregado ou o reclamante em processo trabalhista tenha prestado serviços para a empresa sucessora, basta apenas que tenha havido a transferência total ou parcial de uma unidade de produção de uma empresa para outra para que ocorra a sucessão para fins trabalhistas.

Nesse sentido, a seguinte ementa:

> Sucessão. A sucessão é a transferência total ou parcial, provisória ou definitiva da titularidade de empresa, pública ou privada, desde que haja continuidade, pelo sucessor, da atividade-fim, explorada pelo sucedido. Apoiam-se nos princípios da continuidade da relação de emprego, da despersonalização da pessoa jurídica e da intangibilidade salarial, tendo como escopo a regra dos arts. 10 e 448 da Consolidação das Leis do Trabalho. (TRT — 1ª R. — 5ª T. — RO n. 6605/2000 — Rel. João Mário de Medeiros — DJRJ 28.6.2001 — p. 223) (RDT 07/2001, p. 65).

Pensamos estar correta a moderna doutrina ao exigir apenas o requisito da transferência da unidade econômica de produção de um titular para outro para que se configure a sucessão, pois os arts. 10 e 448 da CLT não exigem que o empregado tenha trabalhado para a empresa sucedida. Além disso, tal interpretação está em consonância com o princípio protetor e propicia maior garantia de solvabilidade do crédito trabalhista.

A moderna doutrina defende a existência da sucessão, mesmo na transferência parcial de uma unidade econômica de produção empresarial, desde que afete de forma significativa os contratos de trabalho. Por exemplo, a transferência de propriedade da produção de um determinado produto de uma empresa para outra.

Nesse sentido, destaca-se a seguinte ementa:

> Sucessão parcial — Responsabilidade do sucessor pelas obrigações trabalhistas a ela relativas. A alteração na estrutura jurídica da empresa, ainda que parcial, não afeta o direito dos empregados e dos trabalhadores já desligados da parte do empreendimento por ela abrangida. A sucessão pode ser parcial, como ocorre na cisão, caso em que o sucessor responde pelas obrigações trabalhistas que a ela dizem respeito, nos termos do art. 10 da CLT. (TRT — 12ª R — 2ª T. — AG-PET n. 238.2003.009.12.00-8 — Relª. Martha M. V. Fabre — DJSC 23.4.04 — p. 189) (RDT n. 5 — maio de 2004)

A sucessão não exige prova formal, pode ser demonstrada em Juízo por indícios e presunções, tais como: a transferência do fundo de comércio, transferência do principal bem imaterial da atividade, dentre outros elementos. De outro lado, a simples transferência de maquinários ou a compra do imóvel empresarial não configuram a sucessão.

A sucessão de empresas pode ser reconhecida pelo Juiz do Trabalho em qualquer fase do processo, inclusive na execução, uma vez que o sucessor tem a chamada responsabilidade patrimonial, independentemente de ter figurado na fase de conhecimento, seus bens podem ser atingidos. Diante do caráter cogente dos arts. 10 e 448 da CLT, autores há que sustentam a possibilidade de o Juiz do Trabalho conhecer de ofício a sucessão de empresas. Na execução, a possibilidade de reconhecimento da sucessão de ofício se justifica por força do art. 878 da CLT.

Como regra geral, o sucessor responderá pela integralidade da dívida, salvo em caso de fraude, em que a empresa sucedida responderá solidariamente, nos termos do art. 9º da CLT e do art. 942 do CC.

Eventual cláusula no contrato de sucessão de irresponsabilidade da empresa sucessora pelos débitos trabalhistas da empresa sucedida não tem validade perante a legislação trabalhista, pois as normas dos arts. 10 e 448 da CLT são de ordem pública.

A jurisprudência dominante fixou entendimento no sentido de que a responsabilidade do crédito trabalhista é apenas da empresa sucessora, pois é está que possui o fundo de comércio e o patrimônio.

Nesse sentido, destaca-se a seguinte ementa:

> Sucessão trabalhista — Responsabilidade. A Flumitrens é sucessora da CBTU, pois, havendo contrato de cisão, operou-se a sucessão trabalhista, cabendo ao novo empregador responder por todos os débitos trabalhistas dos empregados e ex-empregados da empresa sucedida, independentemente do contrato civil firmado entre ela e sua antecessora. Ademais, o Instrumento de Protocolo que regulou a referida cisão caracterizou a sucessão trabalhista, sendo certo que, no Direito do Trabalho, o sucessor responde por todos os débitos trabalhistas, desobrigando a sucedida de tal responsabilidade. Recurso de revista não conhecido. Honorários advocatícios. Os honorários advocatícios, na Justiça do Trabalho, não decorrem da sucumbência, mas do preenchimento dos requisitos previstos nos termos da Lei n. 5.584/70. Aplicação dos Enunciados de ns. 219 e 329 do TST. Revista conhecida e provida. (TST — 1ª T. — RR n. 588.912/1999-0 — Rel. Lélio B. Corrêa — DJ 06.08.04 — p. 615) (RDT n. 9. setembro de 2004).

2. Licença-maternidade da Empregada que Adota Criança Menor. Antinomia entre a CLT e a Lei Previdenciária

TRT 2ª REGIÃO — 2010

Existe antinomia entre o art. 392-A da CLT e a redação do art. 71-A da Lei n. 8.213/91?

Antinomia, na lição de Maria Helena Diniz:(1)

> É conflito entre duas normas, dois princípios, ou de uma norma e um princípio geral de direito em sua aplicação prática a um caso particular. É a presença de suas normas conflitantes, sem que se possa saber qual delas deverá ser aplicada ao caso singular.

A solução das antinomias é um problema a ser enfrentado pelo aplicador do direito no caso concreto, a fim de que a solução do conflito possa ser realizada com justiça e razoabilidade. A superação dos conflitos de normas também é necessário de para a harmonia do sistema jurídico.

Dispõe o art. 392-A da CLT, com a redação dadas pelas Leis ns. 10.421/02 e 12.010/09:

> Art. 392-A. À empregada que adotar ou obtiver guarda judicial para fins de adoção de criança será concedida licença-maternidade nos termos do art. 392, observado o disposto no seu § 5º. (acrescentado pela Lei n. 10.421/02) (§§ 1º a 3º revogados pela Lei n. 12.010/09) § 4º A licença-maternidade só será concedida mediante apresentação do termo judicial de guarda à adotante ou guardiã. (acrescentado pela Lei n. 10.421/02)

---

(1) *Compêndio de introdução à ciência do direito*. 18. ed. São Paulo: LTr, 2007. p. 478.

O art. 392-A, da CLT, ao qual o art. 392 remete a licença-gestante, dispõe:

> Art. 392. A empregada gestante tem direito à licença-maternidade de 120 (cento e vinte) dias, sem prejuízo do emprego e do salário. (redação dada pela Lei n. 10.421/02) § 1º A empregada deve, mediante atestado médico, notificar o seu empregador da data do início do afastamento do emprego, que poderá ocorrer entre o 28º (vigésimo oitavo) dia antes do parto e ocorrência deste. (redação dada pela Lei n. 10.421/02) § 2º Os períodos de repouso, antes e depois do parto, poderão ser aumentados de 2 (duas) semanas cada um, mediante atestado médico. (redação dada pela Lei n. 10.421/02) § 3º Em caso de parto antecipado, a mulher terá direito aos 120 (cento e vinte) dias previstos neste artigo. (redação dada pela Lei n. 10.421/02) § 4º É garantido à empregada, durante a gravidez, sem pejuízo do salário e demais direitos: I — Tranferência de função, quando as condições de saúde o exigirem, assegurada a retomada de função anteriormente exercida, logo após o retorno ao trabalho; II — dispensa do horário de trabalho pelo tempo necessário para a realização de, no mínimo, seis consultas médicas e demais exames complementares. (acrescentado pela Lei n. 9.799/1999) § 5º (Vetado) (acrescentado pela Lei n. 10.421/2002)

A Lei n. 12.010/09, que revogou os §§ 1º a 3º do art. 392-A da CLT, equiparou, para fins de licença-gestante, tanto a empregada gestante, como a que adota criança ou obtém sua guarda judicial. Inegavelmente, se trata de dispositivo de grande valor social, transcendendo o aspecto trabalhista para adquirir caráter publicista, uma vez que sua finalidade é efetivar os direitos fundamentais de proteção ao menor, à família e ainda à proteção à dignidade da pessoa humana (arts. 1º, IV, e 6º da CF), uma vez que a finalidade da licença é propiciar convivência mais próxima entre a mãe e a criança, nos seus primeiros contatos.

Dispõe o art. 71-A da Lei n. 8.213/91:

> Art. 71-A. À segurada da Previdência Social que adotar ou obtiver guarda judicial para fins de adoção de criança é devido salário-maternidade pelo período de 120 (cento e vinte) dias, se a criança tiver até 1 (um) ano de idade, de 60 (sessenta) dias, se a criança tiver entre 1 (um) e 4 (quatro) anos de idade, e de 30 (trinta) dias, se a criança tiver de 4 (quatro) a 8 (oito) anos de idade. (acrescentado pela Lei n. 10.421/02) Parágrafo único. O salário-maternidade de que trata este artigo será pago diretamente pela Previdência Social. (acrescentado pela Lei n. 10.710/03).

Confrontando-se os arts. 392-A da CLT com o art. 71 da Lei n. 8.213/91, há conflito de normas de mesma hierarquia (CLT e Lei Previdenciária), pois a CLT equipara, para fins de licença, a empregada gestante bem como a trabalhadora que obtém guarda judicial de criança. Não obstante, o salário do período de licença é quitado pela Previdência Social e esta faz distinção, conforme a idade da criança adotada, enquanto a CLT não faz.

Diante de tal conflito, pode-se argumentar que se deve aplicar o critério cronológico, e aplicar o art. 392-A da CLT, cuja redação é mais recente que a do art. 71-A da Lei n. 8.213/91.

De outro lado, como é a Lei Previdenciária que faz o pagamento do salário-maternidade, que é lei especial, quanto a este aspecto, deve prevalecer a Lei Específica (princípio da especialidade).

No nosso sentir, a questão não deve ser dirimida somente à luz do conflito entre a CLT e a Lei Previdenciária, mas à luz dos princípios e valores disciplinados na Constituição Federal.

Com efeito, a Lei n. 12.010/09, que revogou os §§ 1º a 3º do art. 392 da CLT, equiparando a empregada gestante à que adota ou obtém guarda judicial de criança, teve por objetivo dar efetividade aos princípios constitucionais da proteção à maternidade e infância previstos no art. 6º da Constituição Federal. Portanto, inegavelmente, se trata de norma de grande conteúdo social, sendo um direito fundamental de segunda geração.

Os direitos fundamentais, conforme a moderna doutrina constitucional, têm incidência imediata e obrigam tanto o Poder Público como os particulares (eficácia horizontal).

Cotejando-se o art. 71-A da Lei n. 8.213/91, em confronto com o art. 392-A da CLT e o art. 6º da Constituição Federal, pensamos que deve prevalecer a regra da CLT, pois em consonância com a Constituição Federal e com a máxima efetividade da proteção à infância e também à proteção à família.

Diante do exposto, considerando-se a interpretação da CLT e da Lei Previdenciária com o direito fundamental social à proteção à infância, no caso concreto, prevalece a regra da CLT, qual seja, tanto a empregada gestante como a adotante de criança terão o mesmo período de licença-maternidade e a Previdenciária Social custeará o pagamento dos salários do período de afastamento.

3. Reabilitação Profissional. Garantia de Emprego

TRT 2ª REGIÃO — 2010

O art. 93, § 1º, da Lei n. 8.213/91 consagra hipótese de estabilidade no emprego?

Na visão da doutrina, estabilidade é o direito de o empregado permanecer no emprego contra a vontade do empregador em razão de norma de caráter geral, sem vinculação temporal. Já as garantias de emprego, ou estabilidades provisórias, constituem o direito de o empregado permanecer no emprego durante lapso temporal determinado em virtude de regra especial.

Rememorando as lições do professor Mauricio Godinho Delgado, as estabilidades são em caráter geral e definitivo, já as estabilidades provisórias, também denominadas garantias de emprego, são em caráter provisório e atendendo à determinada situação especial do empregado. Como exemplos de garantias de emprego temos a do dirigente sindical (art. 8º da CF c/c art. 543 da CLT); da gestante (art. 10, II, *b*, do ADCT); de membro da CIPA (art. 10, II, *a*, do ADCT c/c. art. 165 da CLT); do empregado acidentado (Lei n. 8.213/91); do empregado integrante de Comissões de Conciliação Prévia (Lei n. 9.958/00); e de membro do conselho curador do FGTS (Lei n. 8.036/00).

Diante da extinção da estabilidade pela Constituição de 1988, substituindo-a pelo regime do FGTS e disciplinando indenização pela dispensa arbitrária ou sem justa causa (art. 7º, I, da CF), subsistem, no ordenamento jurídico brasileiro, as estabilidades provisórias ou garantias de emprego.

Atualmente, muito se discute sobre a inserção do portador de necessidades especiais no mercado de trabalho.

Nossa Constituição Federal, em vários dispositivos, prestigia a inserção do portador de necessidades especiais no mercado do trabalho, como os princípios da dignidade da pessoa humana (art. 1º, IV), não discriminação (arts. 3º e 7º, XXX), bem como destaca os valores sociais do trabalho para uma sociedade justa e solidária.

Diante dos princípios constitucionais citados, é possível se criar mecanismos na lei infraconstitucional com o objetivo de incentivar e impulsionar a inserção do portador de necessidades especiais no mercado de trabalho.

Nessa linha de interpretação, veio a lume a Lei n. 8.213/91, que dispõe, no art. 93, sobre a obrigatoriedade das empresas com mais de 100 empregados preencherem de 2% a 5% de suas vagas com trabalhadores portadores de necessidades especiais ou reabilitados.

Dispõe o referido dispositivo legal:

> Art. 93. A empresa com 100 (cem) ou mais empregados está obrigada a preencher de 2% (dois por cento) a 5% (cinco por cento) dos seus cargos com beneficiários reabilitados ou pessoas portadoras de deficiência, habilitadas, na seguinte proporção:(...). § 1º A dispensa de trabalhador reabilitado ou de deficiente habilitado ao final de contrato por prazo determinado de mais de 90 (noventa) dias, e a imotivada, no contrato por prazo indeterminado, só poderá ocorrer após a contratação de substituto de condição semelhante. § 2º O Ministério do Trabalho e da Previdência Social deverá gerar estatísticas sobre o total de empregados e as vagas preenchidas por reabilitados e deficientes habilitados, fornecendo-as, quando solicitadas, aos sindicatos ou entidades representativas dos empregados.

Diante do referido § 1º do art. 93 da Lei n. 8.213/91, questiona-se: foi assegurada alguma garantia de emprego ou estabilidade do trabalhador reabilitado ou portador de necessidades especiais?

Há quem sustente que o fato de o empregador não cumprir o disposto no § 1º do art. 93 da Lei n. 8.213/91 não lhe gera qualquer consequência, além de multa de natureza administrativa, pois não se trata a hipótese de estabilidade ou garantia de emprego.

De outro lado, parte da doutrina sustenta se tratar o presente dispositivo de garantia de emprego. Nesse sentido é a visão de Sérgio Pinto Martins[(1)]:

> O § 1º do art. 93, da Lei n. 8.213/91 estabeleceu situação envolvendo condição suspensiva: a admissão de empregado de situação semelhante. Trata-se de hipótese de garantia de emprego em que não há prazo certo.

No mesmo sentido é a visão de Gustavo Filipe Barbosa Garcia[(2)]:

> O § 1º acima transcrito, na realidade, estabelece verdadeira hipótese de garantia de emprego, ainda que com certas peculiaridades. Assim, defende-se a tese, francamente majoritária, de que a inobservância do mencionado dispositivo não gera imposição de penalidade administrativa, mas a reintegração do empregado dispensado indevidamente.

---

(1) *Direito do trabalho*. 22. ed. São Paulo: Atlas, 2006. p. 410.

(2) *Curso de direito do trabalho*. 4. ed. Rio de Janeiro: Forense, 2010. p. 717.

No nosso sentir, não se trata o citado dispositivo legal de estabilidade, e sim de uma limitação ao direito de dispensa do empregador, enquanto não contratar outro empregado nas mesmas condições do empregado portador de necessidades especiais.

A única forma de se dar efetividade às promessas constitucionais de dignidade da pessoa humana, valorização do trabalho, igualdades de oportunidades e inserção do portador de necessidades especiais no mercado de trabalho é interpretar o § 1º do art. 93 da Lei n. 8.213/91 como forma de limitação ao direito potestativo do empregador de dispensa do empregado reabilitado enquanto não comprovar que contratou outro trabalhador em situação semelhante. Do contrário, o referido dispositivo não terá efetividade e não se garantirá ao reabilitado o acesso efetivo ao mercado de trabalho.

Além disso, a interpretação prestigia a efetividade do direito social ao trabalho, previsto no art. 6º da Constituição, que é um direito fundamental de segunda dimensão que se aplica ao contrato de trabalho, tem plena eficácia entre os particulares (eficácia horizontal dos direitos fundamentais) e possibilita a chamada discriminação positiva, ou de inclusão, possibilitando-se também a eficácia do princípio da isonomia real, ou substancial, previsto no art. 5º, *caput*, da Constituição Federal.

Nesse sentido, cumpre destacar a seguinte ementa, oriunda da mais alta Corte trabalhista brasileira:

> RECURSO DE REVISTA. PRELIMINAR DE ILEGITIMIDADE PASSIVA. SUCESSÃO — Deferido o pedido de exclusão da lide do Banco do Estado do Rio de Janeiro, fica prejudicada a análise da preliminar. PEDIDO DE REINTEGRAÇÃO E CONSECTÁRIOS. DEFICIENTE FÍSICO. GARANTIA SOCIAL. § 1º DO ART. 93 DA LEI N. 8.213/91 — A Lei n. 8.213/91 regulamenta os Planos de Benefícios da Previdência Social, enquanto o art. 93 está inserido na Subseção II, relativa à habilitação e reabilitação profissional. O *caput* do art. 93 prevê a fixação da proporção do número de vagas, nas empresas, para empregados reabilitados e portadores de deficiência, estando, portanto, o § 1º vinculado ao *caput*. A norma está inserida em um contexto jurídico, como um conjunto de atos que visa a manter o percentual de vagas para portador de deficiência e reabilitados, ao condicionar a dispensa de um empregado nessas condições à contratação de outro em condições semelhantes. Constata-se que o dispositivo procura manter o número de vagas ao condicionar a contratação de substituto em condição semelhante, criando, assim, uma garantia não individual, mas social. O empregador tem limitado seu direito potestativo de dispensar o deficiente físico ou reabilitado profissionalmente, pois condicionado o exercício desse direito à contratação de outro empregado em condições semelhantes. Conforme registrado pelo Regional, o Reclamado, apesar de ter alegado, não comprovou o adimplemento da condição limitadora do exercício do direito potestativo de dispensar o empregado deficiente físico. Recurso não conhecido, por não configurada violação dos arts. 5º, incisos II e XXXVI e 7º da Constituição da República, bem como do § 1º do art. 93 da Lei n. 8.213/91. REINTEGRAÇÃO. CONVERSÃO. INDENIZAÇÃO. COMPENSAÇÃO — Os modelos transcritos à verificação do dissenso de julgados não revelaram a especificidade necessária, pois não partem dos mesmos fundamentos do Regional. Incidência da Súmula n. 296 do TST. CRITÉRIOS DE CÁLCULOS E CONDENAÇÃO ACESSÓRIA — O recurso não pode prosperar, porque desfundamentado, já que o Recorrente não transcreveu jurisprudência à demonstração do conflito de teses nem apontou violação de texto de lei ou da Constituição da República. Desatendido o art. 896 da CLT. DESCONTOS

PREVIDENCIÁRIOS — A decisão do Regional, ao autorizar apenas os descontos fiscais, contrariou a jurisprudência predominante desta Corte consagrada na OJ n. 32 da SDI/TST, que entende serem devidos os descontos de contribuição previdenciária e de Imposto de Renda. HONORÁRIOS ADVOCATÍCIOS — O Tribunal recorrido asseverou que, preenchidos os requisitos da Lei n. 5.584/70, a sentença que deferiu os honorários advocatícios deveria ser mantida. Na hipótese, não há como se aferir o preenchimento dos requisitos a que aludem as Súmulas ns. 219 e 329 do TST, ou mesmo o disposto no art. 14 da Lei n. 5.584/70, pois para tanto seria necessário ultrapassar o quadro probatório traçado pelo TRT, à luz da Súmula n. 126 do TST. CUSTAS PROPORCIONAIS — O TRT julgou correta a sentença que responsabilizou o Reclamado pelo recolhimento integral das custas processuais, porque vencida, consoante disposto no art. 789, § 4º, da CLT. O aresto servível revela-se inespecífico porque não trata da questão das custas proporcionais na Justiça do Trabalho, mas apenas menciona a natureza de despesas processuais. Incidência da Súmula n. 296 do TST. (Processo: RR n. 646255 — Ano: 2000 — Publicação: DJ — 4.4.03 Proc. n. TST-RR-646.255/2000.4 — C: Acórdão (3ª Turma). Relator Ministro Carlos Alberto Reis de Paula).

4. Promoção. Recusa. Efeitos

TRT 15ª REGIÃO — 2010

O empregado pode se recusar a ser promovido no emprego ou a promoção é direito potestativo do empregador que poderá até mesmo puni-lo por ato de indisciplina ou insubordinação?

O princípio da irrenunciabilidade de direitos, próprio do caráter protetivo do Direito de Trabalho, impede que o empregado abra mão de um direito previsto no ordenamento jurídico trabalhista. É bem verdade que a renúncia de direitos tem sido vedada com maior rigidez antes e durante a vigência do contrato de emprego em razão do estado de hipossuficiência do trabalhador e também da subordinação inerente à relação de emprego. Após, cessado o vínculo de emprego, a renúncia tem sido avaliada com maior flexibilidade, máxime quando o empregado está diante de um órgão imparcial como a Delegacia Regional do Trabalho ou a Justiça do Trabalho.

Promoção, rememorando as lições de Orlando Gomes, é o ato pelo qual o empregado passa a ocupar função de maior responsabilidade, acompanhada de ascensão hierárquica e majoração salarial.

A promoção, por ser alteração qualitativa do contrato de trabalho (função), deve estar balizada pelos parâmetros do *caput* do art. 468 da CLT, que assim preconiza:

> Art. 468. Nos contratos individuais de trabalho só é lícita a alteração das respectivas condições por mútuo consentimento, e, ainda assim, desde que não resultem, direta ou indiretamente, prejuízos ao empregado, sob pena de nulidade da cláusula infringente desta garantia. (...)

Segundo o citado dispositivo legal, são requisitos para a validade da promoção: a) consentimento do trabalhador; b) ausência de prejuízo para o empregado.

Desse modo, toda promoção deve contar com a anuência do empregado e não lhe acarretar prejuízos. Portanto, o empregado pode recusar a promoção quando não lhe for favorável (ex.: majoração salarial pequena) ou quando não estiver preparado para o exercício da função que lhe foi oferecida, dentre outras hipóteses.

Nesse sentido, Orlando Gomes e Élson Gottschalk[1]:

> Mesmo na promoção aparentemente vantajosa, o consentimento do empregado exerce influência, pois pode não lhe interessar e ser *ad futurum* prejudicial, como no caso em que se veja obrigado a desempenhar tarefas para as quais não está habilitado, porque não correspondem à sua qualificação originária. O rendimento inferior que viesse a produzir no novo cargo poderia ser causa para a despedida. O exercício de novas funções poderia exigir nova formação profissional à qual o empregado, por motivos óbvios, não esteja disposto.

No mesmo sentido, as palavras de *Valentin Carrion*[2]:

> Não vemos como possa negar-se ao trabalhador o direito de rejeitar a promoção que lhe for oferecida pela empresa, com novos encargos que sua personalidade ou fobias contradigam em seu íntimo, que não tem por que revelar.

Alguns autores argumentam que a recusa à promoção deve ser motivada pelo empregado, pois, em tese, o empregador lhe oferece melhoria em seu *status* funcional.

De outro lado, também é possível sustentar a tese de que se o empregado se obrigou, no contrato, a aceitar a promoção ou se esta estiver prevista no regulamento de empresa, é possível ao empregador lhe aplicar penalidade por insubordinação (descumprimento de ordem específica) ou indisciplina (descumprimento do regulamento de empresa), caso o empregado, sem justificativa plausível, recuse a promoção.

No nosso sentir, o empregado não é obrigado a motivar a recusa à promoção, pois não há obrigação legal impondo tal condição. Além disso, por ser alteração contratual, há a possibilidade de recusa sem justificativa (art. 468 da CLT). Pensamos só haver necessidade de motivação quando o empregado se obrigou contratualmente ou por meio de regulamento empresarial a aceitar as promoções que lhe forem oferecidas pelo empregador.

Como bem adverte Jorge Luiz Souto Maior: "uma vez aceita a promoção, por envolver, naturalmente, maiores responsabilidades, esta deve estar acompanhada de acréscimo salarial. Uma promoção sem acréscimo salarial ou a concessão de vantagem relevante não tem valor jurídico, possibilitando a utilização das regras contidas nos arts. 460 e 766, da CLT, para manter o equilíbrio na relação jurídica".

Desse modo, a promoção não é direito potestativo do empregador, dependendo da anuência do empregado, não podendo este último ser punido por recusa à promoção.

---

(1) GOMES, Orlando; GOTTSCHALK, Élson. *Curso de direito do trabalho*. 17. ed. Rio de Janeiro: Forense, 2005. p. 333.

(2) CARRION, Valentin. *Comentários à CLT*. 33. ed. São Paulo: Saraiva, 2008. p. 339.

5. DIREITO À PRIVACIDADE DO EMPREGADO E PODER DIRETIVO DO EMPREGADOR

TRT 15ª REGIÃO — 2010

Empresa transportadora de cargas, por exigência de sua seguradora, inseriu em suas normas internas de pessoal (as quais os empregados tomam ciência por ocasião da admissão) restrições de trabalho aos motoristas que tiverem apontamentos nos órgãos de proteção ao crédito (SERASA, SPC). Ocorrendo tal situação, o empregado tem seu contrato de trabalho suspenso por x dias para sanar o problema. Em dada empresa ocorreu essa hipótese. Um motorista teve seu nome encaminhado ao SPC/SERASA, razão pela qual a empregadora concedeu x dias para resolver a pendência financeira. Após esse período, persistindo o apontamento, a empresa condicionou o retorno do empregado ao pagamento das dívidas pendentes. Sem condições de resolver a questão, o empregado requereu judicialmente a rescisão indireta de seu contrato de trabalho, ao que se opôs a empresa, alegando abandono de emprego. Analise a validade da norma em comento e aponte a solução que entende mais correta.

A Constituição Federal tutela nos incisos V e X do art. 5º os direitos à intimidade e privacidade da pessoa humana.

Esses direitos são aplicáveis ao contrato de trabalho. A restrição aos referidos direitos fundamentais do empregado somente pode ser flexibilizada quando estiverem em choque com outro direito fundamental do empregador, como sua imagem ou propriedade, segundo as circunstâncias do caso concreto e também à luz da regra de ponderação de valores.

Nos ensina Renato Rua de Almeida,[1] com suporte no Direito Português:

> José João Abrantes, autor português, em sua obra Contrato de trabalho e direitos fundamentais, editado pela Coimbra, ressalta a naturalidade da aplicação dos direitos fundamentais nas relações de trabalho, em razão do poder de direção exercido pelo empregador que coloca em risco a eficácia dos direitos dos trabalhadores, razão pela qual há uma dimensão negativa, isto é, limitadora do poder de direção do empregador para respeitar o exercício dos direitos fundamentais dos trabalhadores. Não apenas dos direitos trabalhistas específicos, seja dos direitos individuais, seja dos direitos coletivos, mas também os direitos de cidadania dos trabalhadores, como os direitos de personalidade. Os direitos de personalidade estão relacionados à inviolabilidade da vida privada dos trabalhadores, hoje traduzida pela liberdade de expressão e opinião, da integridade física e moral, reserva da intimidade da vida privada (a questão da revista), proteção de dados pessoais, controle do uso pelo empregador dos meios de vigilância a distância com a finalidade de controlar o desempenho profissional do trabalhador, direito à confidencialidade de mensagens e de acesso à informação, com a garantia da utilização do correio eletrônico (Internet), embora possa o empregador estabelecer regras de utilização desses meios.

No caso da questão proposta, mesmo constando a cláusula de suspensão do contrato de trabalho e mesmo o empregado aderindo a ela na contratação, ela não pode ser validada por atentar contra os referidos direitos fundamentais do trabalhador. Além disso, se trata de cláusula que viola a função social do contrato de trabalho (art. 421 da CLT) e o equilíbrio contratual.

De outro lado, a cláusula inserida nos contratos de trabalho da transportadora é abusiva (art. 187 da CLT) e atenta contra direitos fundamentais do trabalhador ao trabalho (art. 6º da Constituição Federal) e ao direito à liberdade ao exercício de profissão, previsto no art. 5º, XIII, da CF.

Na nossa visão, a atitude praticada pela empresa empregadora autoriza o empregado a rescindir indiretamente o contrato de trabalho, com suporte no artigo do art. 483 da CLT:

> Art. 483. O empregado poderá considerar rescindido o contrato e pleitear a devida indenização quando: (...) e) praticar o empregador ou seus prepostos, contra ele ou pessoas de sua família, ato lesivo da honra e boa fama.

Diante do exposto, no caso vertente, o empregado faz jus à rescisão indireta, ou, a fim de que seja mantida a relação de emprego, o Juiz do Trabalho, à luz do princípio da função do social do contrato (arts. 421 e 2.035, p. único, ambos do CC), que é princípio de ordem pública (aplicável de ofício), considera a referida cláusula do Regulamento empresarial ilícita e determina o imediato retorno do empregado ao emprego.

---

(1) *Direitos fundamentais aplicados ao direito do trabalho*. São Paulo: LTr, 2010. p. 146-147.

6. Direito Previsto em Norma Coletiva. Requisitos para Implementação

TRT 15ª REGIÃO — 2010

Empregada ingressa em juízo alegando que jamais recebeu o auxílio-creche previsto em cláusula de norma coletiva, embora tivesse um pequeno filho de 3 anos de idade, que frequentava uma instituição educacional particular. A reclamada defendeu-se alegando que a norma coletiva, na cláusula que dispunha sobre o auxílio-creche, estipulava que a interessada deveria comprovar a necessidade do benefício, fazendo o requerimento por escrito, o que não foi feito pela reclamante. A pretensão foi rechaçada pela Vara do Trabalho, sob o fundamento de que a aludida cláusula da norma coletiva aplicável realmente exigia a comprovação da necessidade do benefício, feita em requerimento por escrito. A reclamante, inconformada, recorreu ordinariamente, afirmando que o fato de não haver postulado o benefício exatamente na forma prescrita no instrumento coletivo não poderia ser fundamento para privá-la do mesmo, pois a reclamada sabia que a reclamante possuía uma criança de tenra idade, fato incontroverso nos autos. Além disso, tinha a empresa as maiores e mais amplas condições de conhecer a cláusula na norma coletiva aplicável. A recorrente, no entanto, não tinha condições de saber, à época, da existência de tal cláusula, de modo que deveria ser acolhida a sua pretensão. Qual a solução que o candidato daria a essa questão? Fundamente.

A negociação coletiva tem suporte, principalmente, nos princípios da autonomia coletiva dos particulares, adequação setorial negociada e informação (Mauricio Godinho Delgado), função social e boa-fé objetiva.

Outrossim, a norma coletiva, como sendo uma regra positivada no ordenamento jurídico, deve ser interpretada à luz dos princípios do Direito do Trabalho e da melhoria da condição social do trabalhador.

Na hipótese proposta, o auxílio-creche é um benefício concedido ao trabalhador que tem filho pequeno. Trata-se de direito de caráter eminentemente social que transcende o aspecto trabalhista para adquirir feição social, uma vez que o benefício tem por escopo a proteção do menor e propiciar melhores condições do exercício do trabalho por parte da mulher.

Sob outro enfoque, o empregado, durante a relação de emprego, muitas vezes não é informado, pelo empregador, dos direitos constantes das normas coletivas, o que viola o direito fundamental à informação.

Embora a cláusula convencional preveja a necessidade de a empregada comprovar a necessidade do benefício fazendo o requerimento por escrito, na hipótese do problema, pensamos que tal requisitos não pode ser elidente do benefício, pois é presumido que a trabalhadora com filho menor necessita do benefício. Desse modo, no nosso sentir, cumpria à reclamada comprovar que a trabalhadora não necessita do benefício, por meio de declaração da própria trabalhadora.

A reclamada tem maiores e melhores possibilidades de produzir a prova na hipótese presente, segundo o moderno princípio da aptidão para prova.

O princípio da aptidão para a prova, também chamado pela moderna doutrina de *teoria dinâmica da prova*, determina que deve produzir a prova não quem detenha o ônus processual (arts. 818 da CLT ou 333 do CPC), mas sim quem detenha melhores condições materiais ou técnicas para produzir a prova em juízo.

Também não se trata de inversão do ônus da prova previsto no Código de Defesa do Consumidor (art. 6º, VIII), mas de se atribuir simplesmente o ônus da prova à parte que tenha melhores condições de produzi-la.

Trata-se, na verdade, da superação da regra do ônus da prova prevista nos arts. 818 da CLT e 333 do CPC, à luz dos princípios constitucionais do acesso à justiça, contraditório, ampla defesa e igualdade substancial dos litigantes, uma vez que no processo, em determinadas circunstâncias, a prova pode ser produzida com maior facilidade e efetividade por uma parte à qual não detém o ônus da prova.

Como bem adverte Eduardo Cambi:[(1)]

> Como o escopo de buscar a mais efetiva tutela jurisdicional do direito lesado ou ameaçado de lesão, no Código Modelo o ônus da prova incumbe à parte que detiver conhecimentos técnicos ou informações específicas sobre os fatos, ou maior facilidade na sua demonstração, não requerendo qualquer decisão judicial de inversão do ônus da prova.

---

(1) *A prova civil*. São Paulo: RT, 2006, p. 341.

O presente princípio se amolda perfeitamente ao Processo do Trabalho, considerando-se a hipossuficiência e a dificuldade probatória de produção de determinadas provas pelo trabalhador, e as melhores condições de produção de determinadas provas pelo empregador, como nas hipóteses da prova do salário (art. 464 da CLT), da jornada (art. 74, § 2º, da CLT) etc.

De outro lado, o Juiz do Trabalho deve sempre atuar com equilíbrio, avaliando sempre as circunstâncias do caso concreto, à luz dos princípios da razoabilidade proporcionalidade ao aplicar o princípio da aptidão para a prova.

Como bem destaca Carlos Alberto Reis de Paula:(2)

> A aplicação no ônus da prova do princípio da aptidão atende ao escopo social do processo, que é eliminar conflitos mediante critérios justos (...) O fundamento para aplicação do princípio da aptidão está na justiça distributiva aliada ao princípio da igualdade, cabendo a cada parte aquilo que normalmente lhe resulta mais fácil. O critério será o da proximidade real e de facilidade do acesso às fontes de prova. Indiscutivelmente, o princípio será aplicado todas as vezes em que o empregado não pode fazer a prova a não ser através de documento ou coisa que a parte contrária detém. Partindo do princípio da boa-fé, que informa a conduta processual dos litigantes, todas as vezes que o documento, por seu conteúdo, for comum às partes, haverá também a inversão do ônus da prova, competindo ao empregador colacioná-lo, sob pena de serem admitidas como verdadeiras as alegações feitas pelo empregado.

No aspecto, relevante destacar a seguinte ementa:

Prova — Ônus — Aptidão. Não se deve cristalizar as regras atinentes ao ônus probatório, mas, antes, atender ao princípio da aptidão da prova, de modo que cabe a prova à parte que melhores condições tem para produzi-la. (TRT 15ª R. — 1ª T. — RO n. 29672/03 — Rel. Francisco Alberto da M. P. Giordani — DJSP 3.10.03 — p. 60) (RDT n. 11 — novembro de 2003).

Desse modo, no caso vertente, a pretensão seria devida à autora, sinteticamente pelos seguintes argumentos:

a) efetividade da cláusula convencional;

b) boa-fé objetiva e melhoria da condição social do trabalhador;

c) maior aptidão para produção da prova por parte do reclamado;

d) efetividade do direito à informação na relação de emprego.

---

(2) *A especificidade do ônus da prova no processo do trabalho*. São Paulo: LTr, 2001. p. 142-143.

7. Responsabilidade Objetiva do Empregador no Acidente de Trabalho. Aspectos Polêmicos

TRT 18ª REGIÃO — 2007

À luz do direito positivo vigente é cabível a responsabilidade objetiva do empregador quanto ao acidente de trabalho?

Sob o prisma do Direito Civil, Maria Helena Diniz[1] assim define a responsabilidade civil:

> Aplicação de medidas que obriguem alguém a reparar dano moral ou patrimonial causado a terceiro em razão de ato do próprio imputado, de pessoa por quem ele responde, ou de fato de coisa ou animal sob guarda, ou ainda, de simples imposição legal. A responsabilidade civil requer prejuízo a terceiro, para particular ou Estado, de modo que a vítima poderá pedir reparação do dano, traduzida na recomposição do *statu quo ante* ou em uma importância em dinheiro.

Segundo a doutrina, é o tema mais importante do Direito Civil, mas não está adstrito a esse ramo do Direito, irradiando efeitos em praticamente todas as esferas jurídicas, inclusive no Direito do Trabalho, que é um ramo especializado do Direito, cujos conceitos e pressupostos da responsabilidade civil são aplicáveis por força do art. 8º, parágrafo único, da CLT.

O art. 186 do CC, apesar de ter sido alterado em 2002, manteve a tradição dos pressupostos da responsabilidade civil. Com efeito, aduz o referido dispositivo legal, *in verbis*:

---

(1) *Dicionário jurídico*. São Paulo: Saraiva, 1998, vol. 4. p. 170.

Art. 186. Aquele que, por ação ou omissão voluntária, negligência ou imprudência, violar direito e causar dano a outrem, ainda que exclusivamente moral, comete ato ilícito.

O referido dispositivo legal consagra a teoria da responsabilidade subjetiva, que é baseada na *culpa lato sensu*, que abrange a culpa *stricto sensu*, que é a falta de um dever de cuidado, exteriorizada pela imprudência, imperícia e negligência, e também o dolo, que é a conduta intencional.

Segundo a teoria da responsabilidade objetiva, não há necessidade de demonstração de culpa por parte do ofensor, sendo suficiente a existência do dano e do nexo causal da conduta do agente e dano. Por isso, a responsabilidade objetiva funda-se nos princípios de justiça, razoabilidade e equidade, e também no risco da atividade, pois aquele que lucra com a situação (exercício da atividade) deve responder pelo risco ou pelas desvantagens dela resultantes.

Dispõe o art. 7º, XXVIII, da Constituição Federal:

XXVIII — seguro contra acidentes de trabalho, a cargo do empregador, sem excluir a indenização a que este está obrigado, quando incorrer em dolo ou culpa.

O dispositivo constitucional citado manteve a tradição da responsabilidade subjetiva do empregador nos acidentes de trabalho e doenças profissionais. Desse modo, para que faça jus à reparação por danos morais e patrimoniais decorrentes do acidente de trabalho ou doença do trabalho ou profissional, o empregado deve demonstrar a culpa do empregador.

O Código Civil de 2002, impregnado pelos novos ventos de valorização do ser humano e aplicabilidade dos direitos fundamentais às relações privadas, disciplinou exceções à regra geral da responsabilidade subjetiva, prevendo a possibilidade de responsabilidade objetiva em atividades de risco.

Com efeito, dispõe o 927 do CC:

Art. 927. Aquele que, por ato ilícito (arts. 186 e 187), causar dano a outrem, fica obrigado a repará-lo. Parágrafo único. Haverá obrigação de reparar o dano, independentemente de culpa, nos casos especificados em lei, ou quando a atividade normalmente desenvolvida pelo autor do dano implicar, por sua natureza, risco para os direitos de outrem.

Como se nota da redação do citado dispositivo legal, sendo a atividade normalmente desenvolvida pelo autor do dano de risco para outrem, a responsabilidade será objetiva pela teoria da responsabilidade civil pelo risco criado. Desse modo, se o autor do dano, com sua atividade de risco, causou dano à outrem, deve responder de forma objetiva pela reparação dos danos.

Transportando o presente dispositivo para a esfera da responsabilidade civil do empregador nos acidentes de trabalho, há necessidade de confrontá-lo com o art. 7º, XXVIII, da CF, que disciplina a responsabilidade subjetiva do empregador.

Há intérpretes que sustentam a inaplicabilidade da responsabilidade objetiva do empregador em atividades de risco, pois a Constituição Federal fixa a regra da responsabilidade subjetiva e, desse modo, a lei infraconstitucional não pode contrariar o texto constitucional.

Nesse sentido, destacamos as seguintes ementas:

Acidente do trabalho. Responsabilidade subjetiva. A responsabilidade do empregador contida no inciso XXVIII do art. 7º da Constituição é subjetiva e não objetiva. Depende da prova de dolo ou culpa. Não é sempre presumida como na hipótese do § 6º do art. 37 da Constituição. O parágrafo único do art. 927 do Código Civil não se aplica para acidente do trabalho, pois o inciso XXVIII do art. 7º da Lei Maior dispõe que a indenização só devida em caso de dolo ou culpa. (TRT/SP — 01136200706202007 — RO — Ac. 8ª T. 20090462135 — Rel. Sergio Pinto Martins — DOE 19.6.2009).

AGRAVO DE INSTRUMENTO — INDENIZAÇÃO POR DANOS MORAIS — ACIDENTE DE TRABALHO — MOTORISTA DE ÔNIBUS — ÓBITO DO EX-EMPREGADO — INEXISTÊNCIA DE NEXO DE CAUSALIDADE E DE CULPA DA EMPREGADORA — VIOLAÇÃO DO ART. 7º, XXVIII, DA CF. Diante da constatação de possível violação do art. 7º, XXVIII, da Constituição Federal, dá-se provimento ao agravo de instrumento para determinar o processamento do recurso de revista. Agravo de instrumento provido. II) RECURSO DE REVISTA — PATRONAL — INDENIZAÇÃO POR DANOS MORAIS — ACIDENTE DE TRABALHO — MOTORISTA DE ÔNIBUS — ÓBITO DO EX-EMPREGADO — INEXISTÊNCIA DE NEXO DE CAUSALIDADE E DE CULPA DA RECLAMADA — INCIDÊNCIA DO ART. 7º, XXVIII, DA CF. 1. Para a existência do dever de reparar o dano causado, alguns pressupostos devem estar presentes, sem os quais o próprio instituto da responsabilidade não pode subsistir, quais sejam, o dano experimentado pelo ofendido, a ação ou a omissão do causador, o nexo de causalidade e a culpa ou o dolo. Trata-se do estabelecimento do nexo causal entre lesão e conduta omissiva ou comissiva do empregador, sabendo-se que o direito positivo brasileiro alberga tão somente a teoria da responsabilidade subjetiva, derivada de culpa ou dolo do agente da lesão em matéria trabalhista (CF, art. 7º, XXVIII). 2. *In casu*, o Regional confirmou a sentença condenatória de pagamento de indenização por danos morais sofridos pela família do ex-empregado, em razão do óbito resultante do assalto no ônibus no qual era motorista, por culpa, ainda que levíssima, da Empregadora, que não se preocupou com a segurança e vida dos empregados, visando a inibir os assaltos mediante a instalação de cofre forte ou roleta nos veículos, que, ainda que não tivesse o condão de evitar o assalto, ao menos inibiria as investidas dos meliantes, mormente em dia de festa na cidade, onde o número de visitantes dos municípios vizinhos aumenta consideravelmente. 3. Como se pode notar de toda a argumentação lançada na decisão regional, o elemento de convicção do julgador foi substancialmente o sentido de solidariedade humana em face da dor sofrida pela família do ex-empregado, externado na busca de alguma justificativa, por mais frágil que fosse, para manter a indenização de R$ 20.000,00 à família enlutada, já que a instalação de catraca ou cofre nos ônibus não impediria o assalto, não sendo absolutamente elemento de segurança contra roubos. No caso, a norma constitucional (CF, art. 7º, XXVIII), bem como a jurisprudência do TST é clara, no sentido de que a responsabilidade é subjetiva, dependendo de comprovação da culpa do empregador para imposição da obrigação de indenizar. 4. Ora, se por um lado, a norma civil não alcança a esfera trabalhista, iluminada pelo comando constitucional do art. 7º, XXVIII, por outro, nenhuma atividade laboral está infensa a riscos de acidente (no próprio dizer de Guimarães Rosa, em sua epopeia Grande Sertão: Veredas, viver é muito perigoso), mas a CLT somente admite o adicional de periculosidade para as atividades de risco acentuado, ínsito ao manuseio de explosivos, inflamáveis (art. 193), e energia elétrica (Lei 7.369/85, art. 1º), o que descartaria de plano a invocação da responsabilidade objetiva diante da natureza da atividade desenvolvida pela empresa, enquadrando-a no rol de atividades de risco. 5. Dessa forma, verifica-se que não se encontram presentes, na espécie, os pressupostos que delineiam o dever de reparar o dano causado, quais sejam, a culpa ou dolo da Empregadora e a ação ou omissão que teria concorrido para a mencionada lesão. 6. Assim, não há como se atribuir responsabilidade à Empregadora pelos danos morais sofridos pela família do ex-empregado, decorrentes do óbito resultante do assalto, sob pena de violação do art. 7º, XXVIII, da CF, pois não caracterizada a culpa, nem sequer levíssima, da Reclamada pelo evento. Recurso de revista provido. (TST-RR-1.768/2005-132-17-40.8, Número único proc: RR — **1768/2005-132-17-40. 7ª Turma.** Publicação: DEJT — 17.4.2009. Ministro Relator Ives Gandra Martins Filho).

No nosso sentir, o parágrafo único do art. 927 do CC não atrita com o art. 7º, XXVIII, da CF, já que este último está inserido no rol de garantias mínimas do trabalhador (art. 7º, *caput*, da CF), não impedindo que a lei ordinária preveja responsabilidade mais acentuada em situações peculiares, como a atividade de risco.

De outro lado, a Constituição Federal não disciplina a responsabilidade do empregador nos acidentes de trabalho quando sua atividade é de risco. Além disso, a interpretação da Constituição não pode ser literal e sim em compasso com o sistema constitucional de proteção à saúde e à vida do trabalhador. O art. 7º, XXVIII, da CF deve ser interpretado em cotejo com o inciso XXII do mesmo art. 7º, que exige que o empregador tome medidas efetivas para resguardar a saúde do trabalhador, e também com o art. 200 da CF, que tutela o meio ambiente do trabalho. Aplicável, também, o art. 6º da CF, que consagra o direito social à saúde, que tem plena incidência no contrato de trabalho.

Além dos argumentos acima destacados, a aplicabilidade do parágrafo único do art. 927 do CC às relações de trabalho e, especificamente, ao acidente de trabalho, encontra eco nas seguintes premissas: a) máxima efetividade do art. 7º, XXVIII, da CF; b) interpretação construtiva e evolutiva do art. 7º, XXVIII, da CF; c) assunção dos riscos da atividade econômica pelo empregador (art. 2º, da CLT); d) função social do contrato de trabalho (art. 421 do CC); e) hipossuficiência do trabalhador para a produção da prova da culpa do empregador, aplicando a teoria da inversão do ônus da prova em prol do trabalhador; f) aplicação da teoria da responsabilidade civil pelo risco criado; h) melhoria da condição social do trabalhador e proteção de sua dignidade (art. 1º, III, da CF).

Nesse sentido, destacam-se as seguintes ementas:

AGRAVO DE INSTRUMENTO. RECURSO DE REVISTA. ACIDENTE DO TRABALHO. AUXILIAR DE SERVIÇOS OPERACIONAIS. APOSENTADORIA POR INVALIDEZ. RESPONSABILIDADE CIVIL DO EMPREGADOR. A regra geral do ordenamento jurídico, no tocante à responsabilidade civil do autor do dano, mantém-se com a noção da responsabilidade subjetiva (arts. 186 e 927, *caput*, CC). Contudo, tratando-se de atividade empresarial, ou de dinâmica laborativa (independentemente da atividade da empresa), fixadoras de risco para os trabalhadores envolvidos, desponta a exceção ressaltada pelo parágrafo único do art. 927 do CC, tornando objetiva a responsabilidade empresarial por danos acidentários (responsabilidade em face do risco). Agravo de instrumento desprovido. (TST. Número único proc: AIRR — 92/2006-015-04-40 Publicação: DJ — 13.06.2008 — 6ª Turma. Relator Ministro Maurício Godinho Delgado)

RESPONSABILIDADE CIVIL OBJETIVA DECORRENTE DE ACIDENTE DE TRABALHO. TEORIA DO RISCO. PERDA PARCIAL DA CAPACIDADE LABORATIVA DO EMPREGADO PARA DESENVOLVER A MESMA FUNÇÃO. INDENIZAÇÃO. As atividades econômicas tidas como de risco à integridade física do trabalhador, *in casu*, telefonia que utiliza a mesma estrutura dos postes de transmissão e distribuição de energia elétrica, devem se responsabilizar pela indenização dos danos materiais e morais, independentemente da existência de culpa do agente causador. '(...) Acreditamos que, em atividades de risco para a saúde do trabalhador, ou para a sua integridade física, ou seja, onde o risco de doenças ou de acidentes seja mais acentuado que o normal, considerando-se o padrão médio da sociedade e as probabilidades de ocorrência de sinistros, como o trabalho em condições de insalubridade ou periculosidade, a responsabilidade do empregador é objetiva, em razão da aplicação da teoria do risco criado. (...)' (Mauro Schiavi, in Aspectos polêmicos do acidente de trabalho — responsabilidade objetiva do empregador pela reparação dos danos causados ao empregado — prescrição, LTr n. 05, maio/2006, p. 576/57 (TRT 23ª Região. N. Processo: RO 00663.2005.036.23.00-1, Relator Desembargador Roberto Benatar. DJE/TRT23: 51/2006 — Publicação: 27.7.2006).

No mesmo sentido é o Enunciado n. 37 da 1ª Jornada de Direito Material e Processual do Trabalho realizada no TST, *in verbis*:

RESPONSABILIDADE CIVIL OBJETIVA NO ACIDENTE DE TRABALHO. ATIVIDADE DE RISCO. Aplica-se o art. 927, parágrafo único, do Código Civil nos acidentes do trabalho. O art. 7º, XXVIII, da Constituição da República, não constitui óbice à aplicação desse dispositivo legal, visto que seu caput garante a inclusão de outros direitos que visem à melhoria da condição social dos trabalhadores.

Como bem adverte José Affonso Dallegrave Neto,[2] "nem se diga, contudo, que o parágrafo único do art. 927 do novo Código Civil é inconstitucional por suposta afronta à parte final do art. 7º, XXVIII, da Constituição Federal. A melhor exegese sistêmica da ordem constitucional garante legitimidade ao parágrafo único do art. 927 do novo Código Civil, vez que o *caput* do art. 7º da Constituição Federal assegura um rol de *direitos mínimos* sem prejuízo de outros que visam à melhor condição social do trabalhador".

A lei não define o que é atividade de risco. Dispõe o art. 927, parágrafo único, do CC:

Parágrafo único. Haverá obrigação de reparar o dano, independentemente de culpa, nos casos especificados em lei, ou quando a atividade normalmente desenvolvida pelo autor do dano implicar, por sua natureza, risco para os direitos de outrem.

Conforme o Código Civil, haverá responsabilidade objetiva do autor do dano quando fixada em lei, a exemplo dos contratos firmados nas relações de consumo

(2) *Responsabilidade civil no direito do trabalho*. 3. ed. São Paulo: LTr, 2008. p. 267.

etc., ou quando *a atividade normalmente desenvolvida pelo autor do dano implicar, por sua natureza, risco para os direitos de outrem.*

Trata-se aqui de uma cláusula geral do Código Civil de 2002, pois não está na lei o que é atividade de risco. O intérprete deve dizer, segundo as circunstâncias do caso concreto, à luz dos critérios de justiça, equidade, razoabilidade, se a atividade é de risco ou não.

Não há um conceito tarifado de atividades de risco e nem essa é a intenção da lei. De propósito, essa interpretação do que vem a ser atividade de risco foi deixada para o aplicador da lei, para que ele possa aplicar os direitos fundamentais previstos na Constituição Federal à relação de natureza civil, buscando a tutela da dignidade da pessoa humana.

O risco a que alude o parágrafo único do art. 927 do CC não é meramente econômico, a que se refere o art. 2º da CLT, e sim um risco mais acentuado de dano pessoal ao trabalhador. Nesse sentido o posicionamento fixado na Jornada I do STJ, verbete n. 38:

> A responsabilidade fundada no risco da atividade, como prevista na segunda parte do CC, art. 927, parágrafo único, configura-se quando a atividade normalmente desenvolvida pelo autor do dano causar a pessoa determinada um ônus maior do que aos demais membros da coletividade.

Transportando para a esfera trabalhista o disposto no parágrafo único do art. 927 do CC, pensamos que, em atividades de risco para a saúde do trabalhador, ou para a sua integridade física, ou seja, onde o risco de doenças ou de acidentes seja mais acentuado que o normal, considerando-se o padrão médio da sociedade e as probabilidades de ocorrência de sinistros, como o trabalho em condições de insalubridade ou periculosidade, a responsabilidade do empregador é objetiva, em razão da aplicação da teoria do risco criado.

Nesse mesmo sentido é a visão de Sebastião Geraldo de Oliveira:(3)

> Se a exposição do trabalhador estiver acima do risco médio da coletividade em geral, caberá o deferimento da indenização, porquanto, nessa hipótese, foi o exercício do trabalho naquela atividade que criou esse risco adicional. Em outras palavras, considera-se risco, para fins da responsabilidade civil objetiva prevista no art. 927, parágrafo único, do Código Civil, as atividades que expõem os empregados a maior probabilidade de sofrerem acidentes, comparando-se com a média dos demais trabalhadores (...) não é necessário que haja comportamento anormal ou ilícito do empregador para gerar o direito à indenização, pois o simples exercício da atividade rotineira, ainda que normalmente desenvolvida, pode acarretar o direito à indenização, caso tenha provocado danos à vítima.

---

(3) *Indenizações por acidente do trabalho ou doença profissional.* 4. ed. São Paulo: LTr, 2008. p. 112.

8. Negociação Coletiva de Trabalho. Efeitos. Incorporação ao Contrato de Trabalho e no Âmbito da Adminstração Pública

TRT 23ª REGIÃO — 2009

Considerando a negociação coletiva de trabalho, discorra sobre os instrumentos normativos negociados; seus efeitos, hierarquia e incorporação ao contrato individual de trabalho, discorrendo ainda acerca da negociação coletiva no âmbito da administração pública.

A Constituição Federal reconhece a liberdade sindical e também a participação dos Sindicatos nas negociações coletivas, como exteriorização do princípio da autonomia coletiva dos particulares, conforme o art. 8º, *caput* e seu inciso VI, *in verbis*:

> Art. 8º. É livre a associação profissional ou sindical, observado o seguinte: (...)VI — é obrigatória a participação dos sindicatos nas negociações coletivas de trabalho.

Nos ensina Mauricio Godinho Delgado[1] que "a negociação coletiva é um dos mais importante métodos de solução de conflitos existentes na sociedade contemporânea. Sem dúvida, é o mais destacado no tocante a conflitos trabalhistas de natureza coletiva (...) A negociação coletiva enquadra-se, como citado, no grupo das fórmulas autocompositivas. Contudo, é fórmula autocompositiva essencialmente democrática, gerindo interesses profissionais e econômicos de significativa relevância social. Por isso não se confunde com renúncia e muito menos com submissão, devendo cingir-se, essencialmente, à transação (por isso fala-se em transação coletiva negociada)".

A negociação coletiva, inegavelmente, é o instrumento de solução do conflito coletivo, que pode ser de interesse (visa à criação de novos direitos) ou jurídico (interpretação de lei ou cláusula normativa), por meio do qual as entidades sindicais, representante dos empregados e empregadores, através de concessões recíprocas, chegam ao consenso, fixando, em acordos e convenções coletivas (produtos da negociações), direitos e obrigações.

---

(1) *Direito coletivo do trabalho*. 3. ed. São Paulo: LTr, 2008. p. 122-123.

Nesse sentido nos ensina Amauri Mascaro Nascimento:[(2)]

> A negociação coletiva cumpre uma principal função, a compositiva, forma de superação dos conflitos entre as partes, ao lado das demais previstas pela ordem jurídica. Tem por fim harmonizar os interesses contrapostos dos trabalhadores e empregadores, evitar a greve e o recurso ao órgão jurisdicional, casos em que não encontrariam solução célere para o impasse. Daí a finalidade compositiva da negociação, nesse sentido, verdadeira alternativa para as demais formas de solução das disputas trabalhistas. Destina-se a estabelecer as diretrizes que servirão de parâmetros aos quais os grupos que estão em desacordo vão aderir.

É controvertida, na doutrina e na jurisprudência, a natureza jurídica das convenções coletivas (produtos das negociações coletivas). Para parte da doutrina, a natureza é contratual, para outra, normativa. Não obstante, é vencedor o entendimento, no nosso sentir correto, de que a convenção coletiva é um misto de contrato e regra. Por isso, trata-se de um instrumento contratual com força normativa entre as partes que firmaram o instrumento normativo coletivo.

A Constituição Federal reconhece, no art. 7º, XXVI, os produtos da negociação coletiva, quais sejam, os acordos e convenções coletivas de trabalho, como direitos fundamentais do trabalhador, e por via reflexa, a negociação coletiva, como direito trabalhista fundamental. Com efeito, dispõe o referido dispositivo legal:

> Art. 7º São direitos dos trabalhadores urbanos e rurais, além de outros que visem à melhoria de sua condição social: (...) XXVI — reconhecimento das convenções e acordos coletivos de trabalho.

Os produtos da negociação coletiva são:

a) convenções coletivas de trabalho:

Dispõe o art. 611, *caput*, da CLT:

> Art. 611. Convenção Coletiva de Trabalho é o acordo de caráter normativo, pelo qual dois ou mais sindicatos representativos de categorias econômicas e profissionais estipulam condições de trabalho aplicáveis, no âmbito das respectivas representações, às relações individuais do trabalho. (Redação dada pelo **Decreto-lei n. 229/67**).

Conforme escreve Mauricio Godinho Delgado:[(3)]

> A convenção coletiva resulta, pois, de negociações entabuladas por entidades sindicais, quer a dos empregados, quer a dos respectivos empregadores. Envolve, portanto, o âmbito da categoria, seja a profissional (obreiros), seja a econômica (empregadores). Seu caráter coletivo e genérico é, assim, manifesto.

---

(2) *Compêndio de direito sindical*. 5. ed. São Paulo: LTr, 2008. p. 436-437.
(3) *Direito coletivo do trabalho*. 3. ed. São Paulo: LTr, 2008. p. 136.

b) *acordos coletivos de trabalho:*

Dispõe o § 1º do art. 611 da CLT:

§ 1º É facultado aos sindicatos representativos de categorias profissionais celebrar Acordos Coletivos com uma ou mais empresas da correspondente categoria econômica, que estipulem condições de trabalho, aplicáveis no âmbito da empresa ou das empresas acordantes às respectivas relações de trabalho. (Redação dada pelo **Decreto-lei n.** 229/67)

Conforme Mauricio Godinho Delgado:[(4)]

> Por meio do próprio texto da Consolidação, poder-se-ia definir acordo coletivo de trabalho como o pacto de caráter normativo pelo qual um sindicato representativo de certa categoria profissional e uma ou mais empresas da correspondente categoria econômica estipulam condições de trabalho aplicáveis, no âmbito das respectivas empresas, às relações individuais de trabalho.

Pode-se questionar a constitucionalidade dos acordos coletivos de trabalho, pois a Constituição Federal exige, no art. 8º, VI, a participação dos sindicatos na negociação coletiva. Não obstante, a interpretação não pode ser literal, e sim sistemática e finalística, pois a intenção da Lei é no sentido de que o sindicato dos empregados participe da negociação, já que o empregador é um ente coletivo. Além disso, participar não significa firmar o instrumento. De outro lado, a própria Constituição Federal reconhece, no art. 7º, XXVI, a existência dos acordos coletivos de trabalho como direito fundamental do trabalhador e indispensável para a melhoria de sua condição social.

Quanto à hierarquia entre os instrumentos normativos, cumpre destacar o art. 620 da CLT, que assim dispõe:

Art. 620. As condições estabelecidas em Convenção, quando mais favoráveis, prevalecerão sobre as estipuladas em Acordo. (Redação dada pelo **Decreto-lei n.** 229/67).

O presente dispositivo exterioriza o princípio protetor sob o aspecto da norma mais favorável.

Nesse mesmo sentido é o *caput* do art. 7º da CF:

Art. 7º São direitos dos trabalhadores urbanos e rurais, além de outros que visem à melhoria de sua condição social: (...)

Entre duas leis ou normas coletivas aplicáveis à mesma situação, para se aquilatar qual é a mais favorável, há dois critérios adotados pela doutrina e jurisprudência, são eles:

---

(4) *Op. cit.*, p. 137.

1) *acumulação:* para este critério, na valoração entre duas normas jurídicas, podem ser aplicadas tanto uma como outra, mesclando-se as cláusulas ou artigos que são mais favoráveis, tanto de uma como de outra. Assim, pode-se aplicar, por exemplo, o adicional de horas extras de uma norma e o adicional de insalubridade mais favorável.

2) *conglobamento:* para este critério, não há o fracionamento das normas jurídicas. Ou se aplica uma ou outra. A norma aplicável é, a que for mais favorável no conjunto de suas cláusulas.

Tem prevalecido na doutrina e na jurisprudência a teoria do conglobamento para se avaliar a norma mais favorável.

Exceção ao princípio da norma mais favorável é a flexibilização quando autorizada por norma constitucional (art. 7º, VI, XIII, XIV, da CF).

Quanto à incorporação das cláusulas convencionais coletivas aos contratos de trabalho, dispõe a Súmula n. 277 do TST:

> **Sentença normativa, convenção ou acordo coletivos. Vigência. Repercussão nos contratos de trabalho.** (Res. 10/1988, DJ 01.03.1988) (Redação alterada na sessão do Tribunal Pleno em 16.11.2009 — Res. 161/2009) I — As condições de trabalho alcançadas por força de sentença normativa, convenção ou acordo coletivos vigoram no prazo assinado, não integrando, de forma definitiva, os contratos individuais de trabalho.
>
> II — Ressalva-se da regra enunciada no item I o período compreendido entre 23.12.1992 e 28.07.1995, em que vigorou a Lei n. 8.542, revogada pela Medida Provisória n. 1.709, convertida na Lei n. 10.192, de 14.02.2001.

Diante da natureza da sentença normativa, o Tribunal Superior do Trabalho, acertadamente, fixou entendimento, por meio da presente Súmula, de que as cláusulas fixadas em sentença normativa não integram em definitivo os contratos de trabalho.

A jurisprudência e a doutrina majoritárias, entretanto, mesmo diante de resistência de parte da doutrina no sentido da incorporação das cláusulas convencionais ao contrato individual de trabalho (arts. 9º, 444 e 468 da CLT), estenderam o presente entendimento para as cláusulas constantes de acordos e convenções coletivas. Desse modo, também as cláusulas convencionais não integram em definitivo os contratos de trabalho, em face da vigência temporária dos acordos e convenções coletivas.

O inciso II da Súmula sob comento excepcionou o período compreendido entre 23.12.1992 e 28.07.1995, em que vigorou a Lei n. 8.542/92, revogada pela Medida Provisória n. 1.709, convertida na Lei n. 10.192/01, à qual expressamente mencionava que as cláusulas constantes de instrumentos normativos coletivos (acordos e convenções coletivas) integravam os contratos individuais de trabalho.

Sempre foi polêmica a questão da negociação coletiva em face da Administração Pública, em razão do princípio da legalidade estrita que norteia a Administração, não sendo possível a majoração salarial ou de benefícios sem previsão legal (art. 37, X, da CF).

De outro lado, o art. 39, § 3º, da CF não estendeu ao servidor público o inciso XXVI do art. 7º da CF, que trata do reconhecimento das convenções e acordos coletivos de trabalho.

Desse modo, diante do art. 37, X, da CF, em cotejo com o § 3º do art. 39 do mesmo diploma legal, entende-se, majoritariamente, que não é possível a negociação coletiva no âmbito da Administração Pública.

Ousamos divergir, pois não há qualquer vedação no texto constitucional para a negociação coletiva no âmbito da Administração Pública. Além disso, a negociação coletiva não envolve apenas cláusulas econômicas, mas também obrigacionais. De outro lado, como os acordos e convenções coletivas têm natureza transitória, desde que haja prévia dotação orçamentária, pensamos ser possível o reconhecimento de acordos e convenções coletivas aos servidores públicos, pois o direito à sindicalização já está reconhecido e a negociação coletiva é a exteriorização mais expressiva do direito à sindicalização.

9. Constitucionalização do Direito e Reflexos no Direito do Trabalho

TRT 24ª REGIÃO — 2008

Discorra sobre o processo de constitucionalização do Direito e a normatividade dos princípios constitucionais dele decorrente. Exemplifique.

No Estado liberal, havia prevalência da autonomia da vontade e do caráter patrimonialista do direito. Existia grande dicotomia entre o Direito Público e o Privado. No Direito Público há relação de subordinação. No Direito Privado há relação de coordenação. Na Idade Média, havia a primazia da propriedade territorial sobre os demais institutos econômicos. Do direito de propriedade derivava o poder político e o prestígio social.

No final da Idade Média, há uma nova interpretação do direito privado com sua funcionalização. No século XVIII, diferenciação nítida: 1) Direito Privado é compreendido como o ramo do direito que disciplina a sociedade civil, as relações intersubjetivas e o mundo econômico (sob o signo da liberdade). As relações privadas são estruturadas a partir de uma concepção de propriedade absoluta e plena liberdade contratual, lugares estes que o Direito Público não poderia intervir; 2) Direito Público disciplina apenas o Estado, sua estrutura e funcionamento.

Com a Revolução Francesa, o direito privado se torna também burguês. O individualismo é visto como valor a ser prestigiado, como reação do período estamental que caracterizou a era medieval. O estado medieval é pouco intervencionista.

Neste período, somente o legislador poderia criar normas jurídicas, já que ungido pela escolha popular.

A proteção à propriedade e ao contrato eram o epicentro do direito privado.

Havia nítida separação do direito público e do direito privado. O Direito Público se ocupava da estrutura do Estado e dos direitos políticos, enquanto o Direito Privado se ocupava da tutela do patrimônio e do contrato. O Estado não poderia intervir na autonomia da vontade privada, a não ser para prestigiá-la.

Na época, houve as grandes codificações, marcadas pelo sistema romano-germânico de legislação escrita e rígida (v. Código de Napoleão e o Código Civil brasileiro de 1916).

O juiz, praticamente, não podia interpretar a lei, somente podendo aplicá-la subsumindo os fatos ao prévio catálogo de lei. O juiz era apenas a "voz e a boca da lei", na expressão de Montesquieu. Se tornou clássica a frase "in claris cessat interpretatio" do Código Civil francês.

Aos juízes, reservar-se-ia o papel de *bouche de la loi* (boca da lei).

Na visão de Montesquieu, os juízes eram seres inanimados que não podem moderar nem a sua (a Lei) força nem o seu rigor. O juiz nada criaria, apenas aplicaria o direito (já previamente elaborado pelo legislador) ao caso concreto. O catálogo de todas as soluções possíveis já preexistiria ao caso litigioso. Ao juiz nada mais se pediria do que confrontar o fato com tal catálogo, até localizar a regra legal que resolveria o problema. Sua atividade mental seria apenas silogística.(1)

Com a mudança do Estado Liberal para o Estado Social, houve mudança do paradigma jurídico, com a valorização do ser humano e despatrimonialização do direito privado.

O constitucionalismo social dos países ocidentais, que sucede ao segundo pós-guerra, procura endereçar o Estado no sentido da promoção da igualdade substancial, mesmo que por vezes isso implique reduções ao espectro da liberdade econômica, embora sem sacrificá-la.

Neste período, houve limitação da vontade dos particulares e desenvolvimento dos princípios da solidariedade social, dignidade da pessoa humana, prevalência do homem sobre o patrimônio.

O Estado Social consagra o chamado "constitucionalismo social", que prevê diversos direitos privados inseridos no corpo da Constituição Federal.

Nesta ótica, há inegável valorização dos direitos humanos e reconhecimento, em vários ordenamentos constitucionais, de direitos fundamentais, próprio da condição humana, e proteção da dignidade do ser humano.

A dignidade da pessoa humana passa a ser o eixo central do direito, com reflexos contundentes no direito privado.

---

(1) In: FACCHINI NETO, Eugênio. Reflexões histórico-evolutivas sobre a constitucionalização do direito privado. In: *Constituição, direitos fundamentais e direito privado* (coordenador: Ingo Wolfgang Sarlet). Rio de Janeiro: Renovar, 2004. p. 23.

Quanto ao significado da dignidade da pessoa humana, manifesta-se Ingo Wolfgang Sarlet:[2]

> O problema do significado que se pode hoje atribuir à dignidade da pessoa humana, cumpre ressaltar de início, que a ideia do valor intrínseco da pessoa humana deita raízes já no pensamento clássico e no ideário cristão. Muito embora não nos pareça correto, inclusive por faltar dados seguros quanto a este aspecto, reivindicar — no contexto das diversas religiões professadas pelo ser humano ao longo dos tempos — para a religião cristã a exclusividade e originalidade quanto à elaboração de uma concepção de dignidade da pessoa, o fato é que tanto no Antigo quanto no Novo Testamento podemos encontrar referências no sentido de que o ser humano foi criado à imagem e semelhança de Deus, premissa da qual o cristianismo extraiu a consequência — lamentavelmente renegada por muito tempo por parte das instituições cristãs e seus integrantes (basta lembrar as crueldades praticadas pela "Santa Inquisição") — de que o ser humano — e não apenas os cristãos — é dotado de um valor próprio e que lhe é intrínseco, não podendo ser transformado em mero objeto ou instrumento.

Conforme o pensamento de Santo Tomás de Aquino em sua obra *Summa Theologica*, a dignidade da pessoa humana encontra fundamento na circunstância de que o ser humano foi criado à imagem e semelhança de Deus, mas também radica na capacidade de autodeterminação inerente à natureza humana, de tal forma que o ser humano é livre por sua natureza, existe em função de sua própria vontade.

No âmbito do pensamento jusnaturalista dos séculos XVII e XVIII, a concepção da dignidade da pessoa humana, assim como a ideia do direito natural em si, passou por um processo de racionalização e laicização, mantendo-se, todavia, a noção fundamental da igualdade de todos os homens em dignidade e liberdade. A dignidade da pessoa humana era considerada como a liberdade do ser humano de optar de acordo com a sua razão e agir conforme o seu entendimento e opção, bem como — de modo particularmente significativo — o de Emmanuel Kant, cuja concepção de dignidade parte da autonomia ética do ser humano, considerando esta (a autonomia) como fundamento da dignidade do homem, além de sustentar que o ser humano (o indivíduo) não pode ser tratado — nem por ele próprio — como objeto. É com Kant um que, de certo modo, se completa o processo de secularização da dignidade, que, de vez por todas, abandonou suas vestes sacrais. Sustenta Kant que o Homem e, duma maneira geral, todo ser racional existe como um fim em si mesmo, não simplesmente como meio para uso arbitrário desta ou daquela vontade.[3]

A dignidade da pessoa humana está prevista no art. 1º, III, da CF como um dos fundamentos da República Federativa do Brasil e constitui um legado incontestável

---

(2) *Dignidade da pessoa humana e direitos fundamentais*. 4. ed. Porto Alegre: Livraria do Advogado, 2006. p. 29-30.

(3) SARLET, Ingo Wolfgang. *Op. cit.*, p. 32-33.

das filosofias de Santo Tomás de Aquino e de Kant. O ser humano é um fim em si mesmo, e jamais um meio para atingir determinado fim. O ser humano é um sujeito de direito e não objeto do direito. Além disso, a nosso ver, o ser humano é o fundamento e o fim último do Direito e de toda ciência humana. Por isso, em toda atividade criativa ou interpretativa do Direito, deve-se sempre adaptar o Direito ao ser humano e não o ser humano ao Direito.

A Constituição brasileira assegura, em vários artigos, a proteção do ser humano, seja fazendo referência ao princípio da dignidade da pessoa humana, seja protegendo a vida, a saúde, garantindo a igualdade, a liberdade, a segurança e as condições dignas de sobrevivência por meio da proteção à maternidade e à infância. Igualmente, estende-se a proteção ao ambiente ecologicamente equilibrado e à sadia qualidade de vida a ser assegurada às gerações presente e futura (art. 1º, III; art. 5º, *caput*; art. 203, I e art. 225 da CF/88).

Para que haja efetividade do princípio da dignidade da pessoa humana é necessário que sejam deferidos à pessoa todos os demais direitos fundamentais previstos na Constituição. É preciso que se assegure, como já é frase recorrente na doutrina, um piso mínimo de direitos.

Desse modo, somente haverá dignidade se a pessoa tiver assegurados os direitos fundamentais previstos nos arts. 1º, 3º e 5º da CF, mas também os direitos sociais previstos no art. 6º, aí incluídos o direito ao trabalho, à saúde e ao lazer, e também o direito a um meio ambiente equilibrado, no art. 225 e seguintes da CF. Hoje, também têm sido muito valorizados os direitos sociais, como o direito ao lazer (art. 6º da CF) como sendo um direito fundamental para a melhoria da qualidade de vida das pessoas, principalmente as que têm grande volume de trabalho.

A moderna doutrina fixou entendimento no sentido de que os direitos fundamentais, bem como os princípios constitucionais têm aplicabilidade imediata, em razão do princípio da força normativa da Constituição Federal, o que fora ratificado pela redação do art. 5º, § 1º, da CF, com a redação dada pela EC n. 45/04.

O art. 5º, § 1º, da CF determina que os direitos e garantias fundamentais têm aplicação imediata, independentemente de norma regulamentar. O referido dispositivo consagra as chamadas ações afirmativas para a defesa de direitos fundamentais, evitando que as normas atinentes a direitos fundamentais fiquem em sede programática.

Também o § 3º do art. 5º da CLT aduz que os tratados sobre direitos humanos ratificados pelo Brasil adquirem *status* de emenda constitucional.

A dignidade é inerente ao ser humano, sendo um valor intrínseco da própria condição humana. Todo ser humano tem dignidade pelo fato de ser pessoa. Por isso, é complexa a definição do conceito de dignidade. Embora a Constituição Federal mencione, no art. 1º, III, que a dignidade da pessoa humana é um dos fundamentos da República Federativa do Brasil e frequentemente a doutrina se refira ao *princípio da dignidade da pessoa humana*, na verdade, a dignidade é mais que um fundamento e também tem dimensão mais reluzente que um princípio, pois é inata à própria condição humana, de que o homem, conforme Santo Tomás de Aquino, fora criado à semelhança de Deus. Além disso, o ser humano é o fundamento e também o fim último do Direito.

Como destacado, é difícil se definir a dignidade, mas facilmente identificamos hipóteses de indignidades, que nos provocam um sentimento de injustiça e até mesmo de fúria. Desse modo, nos referimos à proteção à dignidade da pessoa humana na esfera jurídica e não ao princípio da dignidade da pessoa humana.

Diante do exposto, no nosso sentir, a proteção da dignidade da pessoa humana envolve todos os aspectos da pessoa, seja no seu aspecto exterior — papéis que representa na sociedade e como função profissional, imagem etc. —, como na sua individualidade, privacidade, intimidade (art. 5º, V e X, da CF), assim como o fato de pertencer ao gênero humano, seu aspecto físico, sua etnia, bem como a proteção do meio ambiente.

A constitucionalização do direito privado decorre da migração, para o âmbito privado, de valores constitucionais, dentre os quais, a dignidade da pessoa humana e despatrimonialização do direito civil. O ser humano é colocado no centro do Direito Civil.

Com o Estado Social, a própria Constituição Federal passa a dedicar capítulos ao direito privado e também estabelecer princípios e diretrizes básicas para as relações privadas.

Ao contrário do Código de Napoleão, que dedica mais de 80% de seus artigos à propriedade, o Código Civil brasileiro de 2002, além de disciplinar a propriedade e o contrato, volta os olhos para o ser humano, dedicando, inclusive, um capítulo aos direitos da personalidade.

De outro lado, o direito civil não pode mais ser analisado a partir de si mesmo, mas em conjunto com os princípios constitucionais. Por isso, a moderna doutrina tem defendido a chamada eficácia horizontal dos direitos fundamentais, que é a incidência dos direitos fundamentais, previstos no Ordenamento Constitucional, às relações privadas, a chamada eficácia *horizontal dos direitos fundamentais*.

Para alguns autores, a eficácia dos direitos fundamentais nas relações privadas não é direta, e sim indireta, pois vigora no direito privado o princípio da autonomia da vontade, aplicando-se, entretanto, os direitos fundamentais para garantia da dignidade da pessoa humana.

Outros asseveram que a aplicação dos direitos fundamentais às relações privadas é direta, uma vez que a Constituição Federal tem prevalência sobre o direito privado.

Como bem adverte Daniel Sarmento:[(4)]

> (...) Nada há no texto constitucional brasileiro que surgira a ideia de vinculação direta aos direitos fundamentais, apenas dos poderes públicos. Afora, é certo, alguns direitos que têm como destinatário necessário o Estado (direitos do

(4) *Direitos fundamentais e relações privadas.* Rio de Janeiro: Lúmen Juris, 2004. p. 280-281.

preso, por exemplo), na maioria dos outros casos o constituinte não estabeleceu de antemão nenhuma limitação no polo passivo das liberdades pública, que afastasse os particulares. Muito pelo contrário, a linguagem adotada pelo constituinte na estatuição da maioria das liberdades fundamentais prevista no art. 5º do texto magno, transmite a ideia de uma vinculação passiva universal. Ademais, existe um dado fático relevantíssimo, que não pode ser menosprezado: a sociedade brasileira é muito mais injusta e assimétrica do que a da Alemanha, dos Estados Unidos, ou de qualquer outro país do Primeiro Mundo. Segundo estatísticas oficiais, que muitos consideram excessivamente otimistas, o Brasil tem 54 milhões de habitantes vivendo abaixo da linha da pobreza e 15 milhões abaixo da linha da miséria. Tragicamente, somos campeões no quesito da desigualdade social. A elite brasileira é uma das mais atrasadas do mundo, e nossas instituições sociais ainda preserva um ranço do passado escravocrata do País (...) estas tristes características da sociedade brasileira justificam um reforço da tutela dos direitos humanos no campo privado, em que reinam a opressão e violência. Tal quadro desalentador impõe ao jurista com consciência social a adoção de posições comprometidas com a mudança do *status quo*. Por isso, não hesitamos em afirmar que a eficácia dos direitos individuais na esfera privada é imediata no ordenamento jurídico brasileiro. Esta, para nós, não é só uma questão de direito, mas também de ética e justiça.

No nosso sentir, a eficácia dos direitos fundamentais às relações privadas deve ser analisada no caso concreto, com equilíbrio e ponderação, devendo o intérprete conjugar os direitos fundamentais previstos na Constituição Federal com os princípios do *pacta sunt servanda*, autonomia da vontade e livre iniciativa, à luz da regra da proporcionalidade, que se segmenta nas premissas da necessidade, adequação e proporcionalidade *stricto sensu*, que exige sempre ponderação dos valores envolvidos no conflito.

A doutrina tem destacado importante papel do Judiciário na concretização e efetivação dos direitos fundamentais, não sendo este apenas a chamada "boca da lei", devendo realizar interpretações construtivas e evolutivas do direito, a partir dos princípios constitucionais, com a finalidade de encontrar equilíbrio entre a livre iniciativa e a dignidade da pessoa humana.

O Direito do Trabalho, por pertencer, segundo entendimento dominante da doutrina, ao direito privado, também sofre os impactos dos direitos fundamentais, da mesma forma que os outros ramos do direito privado, e, muitas vezes, com intensidade maior, a fim de se garantir a efetiva dignidade da pessoa humana do trabalhador e melhoria de sua condição social.

No aspecto, relevante destacar o Enunciado 1º da 1ª Jornada de Direito Material e Processual do Trabalho do TST, *in verbis*:

> DIREITOS FUNDAMENTAIS. INTERPRETAÇÃO E APLICAÇÃO. Os direitos fundamentais devem ser interpretados e aplicados de maneira a preservar a integridade sistêmica da Constituição, a estabilizar as relações sociais e, acima de tudo, a oferecer a devida tutela ao titular do direito fundamental. No Direito do Trabalho, deve prevalecer o princípio da dignidade da pessoa humana.

10. ATO ULTRA VIRES E DESCONSIDERAÇÃO DA PERSONALIDADE JURÍDICA NO DIREITO DO TRABALHO

TRT 21ª REGIÃO — 2010

O Juiz da Execução, ao verificar a ausência de bens suficientes para o pagamento de créditos trabalhistas, determinou que fossem penhorados os bens dos sócios pelo débito contraído pela pessoa jurídica que é sociedade limitada. O sócio Lino Melo irresignou-se contra a constrição de seus bens, comprovando que a obrigação trabalhista foi descumprida por ato desidioso do administrador Carlos Lopes que, ao invés de pagar aos operários, utilizou o dinheiro para financiar operação evidentemente estranha aos negócios da sociedade. Pede, então, que a execução trabalhista atinja somente os bens do administrador, em cumprimento à teoria *ultra vires societatis*.

1. Explique em que consiste a teoria *ultra vires societatis*?

2. Estabeleça a diferença entre a teoria maior e a teoria menor da desconsideração?

3. No processo do trabalho há a necessidade de ação própria para a declaração judicial da desconsideração da personalidade jurídica?

A pessoa jurídica não se confunde com a do sócio (art. 20 do CC de 1916), tampouco a sociedade comercial não se confunde com a de seus administradores ou acionistas.

Não obstante, na doutrina clássica, o sócio-gerente respondia pessoalmente pelo chamado ato *ultra vires*, que é o ato praticado com abuso de poder, contrários à lei e aos estatutos sociais.

Como nos ensina Rubens Requião:[1]

> O uso regular da firma cabe ao sócio-gerente. Deve ele exercitar suas funções com zelo e lealdade, não só para com a sociedade, como também em relação aos seus companheiros. Os limites de sua ação são determinados pelo objeto social. Utrapassando esses limites, caracteriza-se o abuso da firma social e o ato é *ultra vires*.

O primeiro diploma legal a disciplinar a possibilidade de desconsideração da personalidade jurídica a ser utilizado pela Justiça do Trabalho foi o art. 10 da Lei 3.708/19, que assim dispõe:

> Art. 10. Os sócios-gerentes ou que derem nome à firma não respondem pessoalmente pelas obrigações contraídas e nome da sociedade, mas respondem com esta e para com terceiros solidária e ilimitadamente pelo excesso de mandato e pelos atos praticados com violação do contrato ou da lei.

Posteriormente, veio a lume o Código Tributário Nacional, que disciplinou a questão no art. 135, *in verbis*:

> Art. 135. São pessoalmente responsáveis pelos créditos correspondentes a obrigações tributárias resultantes de atos praticados com excesso de poderes ou infração de lei, contrato social ou estatutos: I — as pessoas referidas no artigo anterior; II — os mandatários, prepostos e empregados; III — os diretores, gerentes ou representantes de pessoas jurídicas de direito privado.

Atualmente, a matéria está regulamentada pelo art. 28 da Lei n. 8.078/90 (Código de Defesa do Consumidor) e art. 50 do CC, que encamparam a teoria da *desconsideração da personalidade jurídica*, também conhecida com *disregard doctrine, disregard of legal entity, lifting tlhe corporate veil*, oriunda do direito anglo-saxão e introduzida ao direito brasileiro por Rubens Requião.

Dispõe o art. 28 da Lei n. 8.078/90:

> Art. 28. O juiz poderá desconsiderar a personalidade jurídica da sociedade quando, em detrimento do consumidor, houve abuso de direito, excesso de poder, infração da lei, fato ou ato ilícito ou violação dos estatutos ou contrato social. A desconsideração também será efetivada quando houver falência, estado de insolvência, encerramento ou inatividade da pessoa jurídica provocados por má administração.

O Código Civil de 2002 encampou a teoria da desconsideração da personalidade jurídica no art. 50, que assim dispõe:

---

(1) *Curso de direito comercial*. Vol. I. 21. ed. São Paulo: Saraiva, 1995. p. 364.

Art. 50. Em caso de abuso da personalidade jurídica, caracterizado pelo desvio de finalidade, ou pela confusão patrimonial, pode o juiz decidir, a requerimento da parte, ou do Ministério Público quando lhe couber intervir no processo, que os efeitos de certas e determinadas relações de obrigações sejam estendidos aos bens particulares dos administradores ou sócios da pessoa jurídica.

Fábio Ulhoa Coelho[2], distingue a teoria da desconsideração da personalidade jurídica entre as teorias maior e menor. Assevera o jurista:

> Há no direito brasileiro, na verdade, duas teorias da desconsideração. De um lado, a teoria mais elaborada, de maior consistência e abstração, que condiciona o afastamento episódico da autonomia patrimonial das pessoas jurídicas à caracterização da manipulação fraudulenta ou abusiva do instituto. Nesse caso, distingue-se com clareza a desconsideração da personalidade jurídica e outros institutos jurídicos que também importam a afetação de patrimônio de sócio por obrigação da sociedade (p. ex., a responsabilização por ato de má gestão, a extensão da responsabilidade tributária ao gerente etc.). Ela será chamada, aqui, de teoria maior. De outro lado, a teoria menos elaborada, que se refere à desconsideração em toda e qualquer hipótese de execução do patrimônio de sócio por obrigação social, cuja tendência é condicionar o afastamento do princípio da autonomia à simples insatisfação de crédito perante a sociedade. Trata-se da teoria menor, que se contenta com a demonstração pelo credor da inexistência de bens sociais e da solvência de qualquer sócio, para atribuir a este a obrigação da pessoa jurídica.

Preferimos classificar a teoria da desconsideração em subjetiva e objetiva.

Pela teoria subjetiva da desconsideração da personalidade jurídica, os bens do sócio podem ser atingidos quando:

a) a pessoa jurídica não apresentar bens para pagamento das dívidas;

b) atos praticados pelo sócio apresentam abuso de poder, desvio de finalidade, confusão patrimonial ou má-fé.

Atualmente, a moderna doutrina e a jurisprudência trabalhista encamparam a chamada teoria objetiva da desconsideração da personalidade jurídica, que disciplina a possibilidade de execução dos bens do sócio, independentemente se os atos destes violaram ou não o contrato, ou se houver abuso de poder. Basta a pessoa jurídica não possuir bens para ter início a execução aos bens do sócio.

No processo do trabalho, o presente entendimento se justifica em razão da hipossuficiência do trabalhador, da dificuldade que apresenta o reclamante em demonstrar a má-fé do administrador e do caráter alimentar do crédito trabalhista.

---

(2) *Curso de direito comercial*. Vol. 2. São Paulo: Saraiva, 1999, p. 35.

Nesse mesmo diapasão sustenta com propriedade *Hermelino de Oliveira Santos:*(3)

> A inserção da doutrina da desconsideração no direito brasileiro ocorreu naturalmente em decorrência de questões envolvendo direito societário, inclusive a levar Rubens Requião a significativa conferência sobre o tema, "Abuso de direito e fraude através da personalidade jurídica", protagonizando a inserção em nosso direito positivo (art. 28 do CDC e art. 50 do CC/2002). Haveria hipóteses de aplicação dessa doutrina nos caso em que sócios e administradores da sociedade, não obstante agirem aparentemente em conformidade com a lei e seus estatutos, incorressem em utilização da pessoa jurídica, mas em prejuízo desta ou de terceiros, ou ainda dos demais sócios. O que nos parece muito claro é que a invocação da doutrina da desconsideração prescinde da análise do específico caso concreto naquelas hipóteses em que o direito positivo ainda não a disciplinou.

Não obstante, a lei atribui ao sócio a chamada responsabilidade patrimonial (arts. 591 e 592, II, do CPC). Desse modo, os bens do sócio podem vir a ser chamados a responder pela execução, nos termos da lei, caso a sociedade não apresente bens que satisfação a execução.

Independentemente de ter figurado no polo passivo da reclamação trabalhista, os bens do sócio podem responder pela execução, pois a responsabilidade do sócio é patrimonial (econômica e de caráter processual).

A desconsideração da personalidade jurídica no processo do trabalho, na fase executória, pode ser determinada de ofício pelo Juiz do Trabalho (art. 878 da CLT), independentemente de requerimento da parte, em sede de decisão interlocutória, devidamente fundamentada (art. 93, IX, da CF). Não obstante, o sócio, uma vez intimado ou citado para a execução, tem o direito de invocar o chamado *benefício de ordem* e requerer que primeiro sejam excutidos os bens da sociedade, mas para que tal seja possível, é necessário que indique onde estão os bens livres e desembarcados para penhora, que sejam de fácil liquidez, e obedeçam a ordem de preferência mencionada no art. 655 do CPC.

Nesse sentido é o que preconiza o art. 596, § 1º, do CPC:

> Art. 596. Os bens particulares dos sócios não respondem pelas dívidas da sociedade senão nos casos previstos em lei; o sócio, demandado pelo pagamento da dívida, tem direito a exigir que sejam primeiro excutidos os bens da sociedade. § 1º Cumpre ao sócio, que alegar o benefício deste artigo, nomear bens da sociedade, sitos na mesma comarca, livres e desembargados, quantos bastem para pagar o débito.

(3) *Desconsideração da personalidade jurídica no processo do trabalho*. São Paulo: LTr, 2003. p. 42.

O dispositivo acima consagra a responsabilidade subsidiária do sócio, pois prevê a faculdade de este invocar o benefício de ordem. Desse modo, a responsabilidade do sócio é subsidiária em face da pessoa jurídica; entretanto, a fim de dar maior garantia e solvabilidade ao crédito trabalhista, têm a doutrina e a jurisprudência, acertadamente, entendido que a responsabilidade dos sócios entre si é solidária. Sendo assim, se a pessoa jurídica tiver mais de um sócio, cada um deles responderá pela integralidade da dívida, independentemente do montante das cotas de cada um na participação societária. Aquele que pagou a dívida integralmente pode se voltar regressivamente em face dos demais sócios.

Quanto a sociedades anônimas, é possível a responsabilização dos diretores administradores, pois detêm a administração da sociedade, não sendo possível a responsabilização dos acionistas. Nesse sentido, destaca-se a seguinte ementa:

> Sociedade anônima — Penhora de bens dos diretores, administradores e conselheiros — Possibilidade. Empresa que fecha suas portas e não salda as dívidas existentes com seus credores é, para dizer o menos, um mal gestor de seus negócios. Mais, uma empresa que celebra um acordo judicial com treze empregados, para pagamento em quatro parcelas, e susta, sem nenhuma explicação, um dos cheques emitidos para a satisfação da avença, age muito mal, e no mínimo com culpa, não só contra os credores, mas contra o próprio Estado, que com sua chancela judicial, homologou referido acordo na expectativa de ter intermediado a pacificação de um conflito. Assim sendo, e nos estreitos limites da Lei das Sociedades Anônimas, é possível a execução de bens dos diretores e administradores das sociedades anônimas em casos como o ora analisado. (TRT 15ª R. — 2ª T. — AP n. 138/1999.126.15.00-1 — Relª. Mariane Khayat — DJ 02.02.07 — p. 84) (RDT n. 04 — abril de 2007).

No mesmo diapasão dispõe o art. 158 da Lei n. 6.404/76, *in verbis:*

> Art. 158. O administrador não é pessoalmente responsável pelas obrigações que contrair em nome da sociedade e em virtude de ato regular de gestão; responde, porém, civilmente, pelos prejuízos que causar, quando proceder: I — dentro de suas atribuições ou poderes com culpa ou dolo; II — com violação da lei ou do estatuto. (...)§ 2º Os administradores são solidariamente responsáveis pelos prejuízos causados em virtude do não cumprimento dos deveres impostos pela lei para assegurar o funcionamento normal da companhia, ainda que, pelo estatuto, tais deveres não caibam a todos eles. (...) § 5º Responderá solidariamente com o administrador que, com o fim de obter vantagem para si ou para outrem, concorrer para a prática do ato com violação da lei ou do estatuto.

Como destaca José Augusto Rodrigues Pinto:[(4)] "O tratamento das duas leis é o mesmo, ou seja, a responsabilidade extensiva será determinada pela gestão patológica e ensejará a aplicação da teoria da *disregard of coporate entity*. A distinção a considerar é do direcionamento da solidariedade: na sociedade anônima é para o administrador, uma vez que o sócio pode chegar a ser uma simples sombra, desprovida até de

---

(4) *Execução trabalhista:* estática — dinâmica — prática. São Paulo: LTr, 2006. p. 122.

identidade no universo dos acionistas, que chega a ser imenso nas grandes corporações, despertando a advertência de Romita: 'impraticável será invocar-se a responsabilidade dos acionistas — é evidente'".

No aspecto, destacamos as seguintes ementas:

Execução sobre os bens do sócio — Possibilidade. A execução pode ser processada contra os sócios, uma vez que respondem com os bens particulares, mesmo que não tenham participado do processo na fase cognitiva. Na Justiça do Trabalho, basta que a empresa não possua bens para a penhora para que incida a teoria da desconsideração da personalidade jurídica da sociedade. O crédito trabalhista é privilegiado, tendo como base legal, de forma subsidiária, o art. 18 da Lei n. 8.884/94 e CTN, art. 135, *caput* e inciso III, c/c o art. 889 da CLT. (TRT 3ª R. — 2ª T. — AP n. 433/2004.098.03.00-7 — Rel. João Bosco P. Lara — DJMG 09.09.04 — p. 11).

Ilegitimidade passiva dos sócios da empresa. Nos casos em que a empresa reclamada comparece em Juízo, apresenta defesa e produz provas, sem que haja indícios de que sua saúde financeira esteja precária, não se justifica a inclusão dos sócios como devedores solidários. Contudo, nada impede que, se for o caso, não estando a primeira reclamada em condições de arcar com eventual dívida decorrente da presente reclamação trabalhista quando da fase de execução, seja aplicada a teoria da desconsideração da personalidade jurídica e, aí sim, que seja procedida a execução contra os sócios. (TRT 10ª R. — 1ª T. — RO n. 865/2003.002.10.00-5 — Rel. Pedro Luís V. Foltran — DJDF 20.2.04 — p. 15) (RDT n. 3 — março de 2004).

Execução — Responsabilidade do sócio. Em face da ausência de bens da sociedade para responder pela dívida trabalhista, respondem os sócios com o patrimônio pessoal, conforme preconizam os arts. 592 e 596 do CPC c/c o inciso V do art. 4º da Lei n. 6.830/80 e inciso III do art. 135 do Código Tributário Nacional, todos de aplicação subsidiária no processo do trabalho. (TRT 15ª R. — 1ª T. — Ap. n. 26632/2003 — Rel. Eduardo B. de O. Zanella — DJSP 12.9.03 — p. 19) **(RDT n. 10 — Outubro de 2003).**

Execução — Bens do ex-sócio — Desconsideração da personalidade jurídica da empresa. Em regra, os bens particulares do sócio não podem ser objeto de constrição, a teor do art. 596 do CPC. O Decreto n. 3.708/1919, que regulamenta o funcionamento das sociedades de responsabilidade limitada, dispõe que o sócio somente responderá pelas dívidas da sociedade, em caso de falência, quando não integralizado o capital, diante de excesso de mandato do sócio-gerente ou quando os sócios praticarem atos contrários à lei ou ao contrato. A jurisprudência trabalhista acresce a dissolução irregular da sociedade, sem o pagamento dos créditos trabalhistas. O Juízo de primeiro grau confirma que a empresa não vem honrando seus compromissos trabalhistas, dificultando o andamento de inúmeros feitos, pois não tem sido possível localizar bens disponíveis. Vale invocar a teoria do superamento da personalidade jurídica (*disregard of legal entity*), a qual permite seja desconsiderada a personalidade jurídica das sociedades de capitais, para atingir a responsabilidade dos sócios, visando impedir a consumação de fraudes e abusos de direito cometidos através da sociedade. Aliás, aplicável, por analogia, a disposição contida no art. 28, parágrafo 5º, do Código de Defesa do Consumidor, que autoriza a desconsideração da personalidade jurídica sempre que esta constituir obstáculo ao ressarcimento de prejuízos. (TRT — 3ª R. — 2ª T. — Ap. n. 2875/97 — Relª. Alice de Barros — DJMG 24.04.98 — p. 5).

11. Princípio Protetor e os Limites da Flexibilização no Direito do Trabalho

TRT 21ª REGIÃO — 2010

Fato determinante que reclama o princípio da proteção no Direito do Trabalho é a natureza conflituosa da relação capital x trabalho, enquanto persistente a desigualdade entre os protagonistas desse vínculo. A propósito da flexibilização do Direito do Trabalho, quais os limites jurídicos aplicáveis a esse fenômeno de modo a não abalar as estruturas do princípio protetor?

Sem dúvida, o Direito do Trabalho é fruto do regime capitalista. Surge, segundo a doutrina, na segunda metade do século XVIII, na Europa, e foi impulsionado por vários fatores.

Conforme nos traz a doutrina, foram fatores preponderantes para o surgimento do Direito do Trabalho: a) Revolução Industrial, que provou a substituição da energia motriz pela energia a vapor e a criação das indústrias; b) grande concentração de operários nas cidades onde estavam localizadas as fábricas; c)doutrina social da Igreja e valorização do trabalho humano; d) desenvolvimento da teoria da dignidade da pessoa humana, impulsionada pelo cristianismo; e) condições de trabalho precárias, com jornadas de trabalho extensas, baixos salários, trabalho de mulheres e crianças e grande número de acidentes de trabalho; f) grande concentração da classe trabalhadora nas cidades; g) reconhecimento do direito de união e as primeiras greves.

O Direito do Trabalho nasceu para garantir a melhoria da condição social do trabalhador, nivelando as desigualdades entre o capital e o trabalho e, acima de tudo, para consagrar a dignidade da pessoa humana do trabalhador, bem como ressaltar os valores sociais do trabalho, como fundamentos para uma sociedade justa e solidária.

Duas características foram essenciais quando do nascimento do Direito do Trabalho: a hipossuficiência da classe trabalhadora e a forte intervenção do Estado na relação de emprego por meio de normas de ordem pública.

Além disso, o Direito do Trabalho fora concebido sob a realidade da grande empresa (modelo fordista de produção), que se dedicava à produção de todas as fases do seu produto.

Devem ser destacadas as seguintes características do Direito do Trabalho à época do seu surgimento: a) hipossuficiência da classe trabalhadora; b) forte intervenção do Estado na regulamentação dos direitos trabalhistas, por meio de legislação rígida; c) grande empresa; d) valorização do trabalho humano; e) necessidade de melhoria da condição social do trabalhador.

A doutrina não é uniforme quanto à definição do Direito do Trabalho. Alguns autores priorizam o critério subjetivo, que enfatiza os sujeitos aos quais se aplicam o Direito do Trabalho; outros priorizam o critério objetivo, que destaca as matérias às quais se dedica o Direito Laboral. Há ainda as definições mistas, majoritárias na doutrina, que mesclam os critérios subjetivo e objetivo.

Na clássica definição mista de Octavio Bueno Magano, o Direito do Trabalho conceitua-se "como o conjunto de princípios, normas e instituições, aplicáveis à relação de trabalho e situações equiparáveis, tendo em vista a melhoria da condição social do trabalhador, através de medidas protetoras e da modificação das estruturas sociais" (*Manual de Direito do Trabalho.* Parte Geral. São Paulo: LTr, 1980, p. 50).

No nosso sentir, o Direito do Trabalho conceitua-se *como o conjunto de princípios, normas e instituições que regem a relação de emprego e as relações de trabalho a elas equiparadas, tendo por finalidade fixar os direitos do trabalhador, para garantia de sua dignidade e melhoria de sua condição social.*

Os princípios são as regras gerais e abstratas das quais derivam as normas. Normas são regras positivadas. Instituições são as entidades e pessoas que podem criar as normas trabalhistas, como os Sindicatos e empresas.

O Direito do Trabalho tem a missão de equilibrar a relação capital x trabalho, protegendo a dignidade da pessoa humana do trabalhador, por meio de um rol básico e mínimo de direitos, para a garantia de sua cidadania.

A finalidade última do Direito do Trabalho é a melhoria da condição social do trabalhador, por meio de regras protetivas, a fim de compensar as desigualdades materiais que tem em face do empregador.

Para que uma ciência seja considerada autônoma são necessários os seguintes requisitos: a) ter princípios próprios; b) um objeto de estudo específico; c) legislação própria; e d) significativo número de estudos doutrinários a respeito.

O Direito do Trabalho é considerado uma ciência autônoma, pois possui princípios próprios que o diferenciam do Direito Civil, tem um objeto próprio de estudo, que é a relação de trabalho e os direitos do trabalhador, tem significativo número de estudos doutrinários a respeito (autonomia científica) e uma legislação própria (Consolidação das Leis do Trabalho e legislação extravagante).

Na definição da doutrina, os princípios são diretrizes básicas de todo o sistema jurídico, verdadeiros alicerces dele, dos quais emanam todas as normas. Violar um princípio é desconsiderar todo o sistema de normas.

Dentre os princípios que dão autonomia e suporte ao Direito do Trabalho destaca-se o princípio protetor, ou princípio da proteção tutelar.

Ensina Américo Plá Rodriguez, em sua obra clássica *Princípios do Direito do Trabalho*, que o fundamento do princípio protetor está ligado à própria razão de ser do Direito do Trabalho. Historicamente, o Direito do Trabalho surgiu como consequência de que a liberdade de contrato entre pessoas com poder e capacidade econômica desiguais conduzia a diferentes formas de exploração.

A legislação trabalhista, inegavelmente, tem índole protetiva, visando a dar supremacia jurídica ao trabalhador para compensar as desigualdades econômica, técnica e social que apresenta em face do empregador.

A flexibilização consiste numa forma de adaptação do direito do trabalho à realidade das empresas e à situação da economia, por meio de redução temporária de alguns direitos trabalhistas, com a finalidade de preservar a continuidade do contrato de trabalho, com a manutenção dos empregos e do prosseguimento da atividade empresarial.

A Constituição Federal permite a flexibilização em três situações, quais sejam: a) redução salarial (art. 7º, VI); b) compensação e prorrogação de jornada (art. 7º, XIII); e majoração da jornada em turnos ininterruptos de revezamento (art. 7º, XIV).

Como destaca Carlos Zangrando, a flexibilização atrai três consequências diretas, quais sejam: ampliação do espaço para a complementação ou suplementação do ordenamento legal; propicia a melhor adaptação das regras cogentes a peculiaridades regionais, empresariais ou profissionais; admite derrogações de condições anteriormente ajustadas, para adaptá-las às novas situações conjunturais, métodos de trabalho ou implementação de novas tecnologias (*Curso de Direito do Trabalho*. Vol. I. São Paulo: LTr, 2008, p. 238-239).

Pela redação da Constituição, a flexibilização de direitos trabalhistas somente pode ser levada a efeito mediante negociação coletiva (acordos coletivos e convenções coletivas), com a participação obrigatória dos sindicatos (art. 8º, VI, da CF). Além disso, somente é possível a redução de direitos nas hipóteses restritas fixadas na Constituição. Desse modo, por configurar exceção ao princípio da inderrogabilidade das normas trabalhistas, a flexibilização interpreta-se restritivamente. Além disso, a flexibilização de direitos trabalhistas deve ser sempre por prazo determinado, pois os acordos e convenções coletivas vigem pelo prazo máximo de dois anos.

Nesse sentido, cumpre destacar as seguintes ementas:

> Flexibilização do direito do trabalho — Hipóteses. As hipóteses de flexibilização do direito do trabalho estão taxativamente enumeradas na Constituição Federal, em seu art. 7º, incisos VI, XIII e XIV. Fora delas, qualquer negociação coletiva que desrespeite o mínimo consagrado pela Consolidação das Leis do Trabalho não tem eficácia, diante do princípio da irrenunciabilidade dos direitos trabalhistas pelo trabalhador. (TRT — 12ª R. — 2ª T. — Ac. n. 959/98 — Rel. Juiz Telmo Joaquim Nunes — DJSC 05.02.98 — p. 49).

> Flexibilização das relações de trabalho — Redução do percentual adotado para a jornada extraordinária mediante Acordo Coletivo. A atual Carta adotou a flexibilização das relações de trabalho sob a tutela sindical, no que tange à redução do salário, compensação de horários, redução de jornada e aos turnos de revezamento, conforme se depreende do seu art. 7º, VI, XIII e XIV. Nesse contexto, afigura-se válida a cláusula do Acordo Coletivo que reduziu o adicional de horas extras de 100 para 50%, nos autos de revisão de Dissídio Coletivo. Recurso conhecido e provido. (TST — 2ª T. — RR n. 374245/97-2 — Rel. Min. José Luciano de C. Pereira — DJ 14.12.2001 — p. 343).

Outrossim, a flexibilização não se confunde com a desregulamentação. Desregulamentação significa desconsiderar todo o sistema normativo trabalhista e deixar a regulamentação do direito do trabalho a cargo dos atores sociais da relação de emprego, quais sejam: empregado e empregador. Já a flexibilização consiste na redução de direitos trabalhistas, nas hipóteses autorizadas pela Constituição Federal, mediante tutela sindical, preservando-se as garantias mínimas do trabalhador.

Para que haja a flexibilização de direitos trabalhistas há a necessidade de efetiva negociação coletiva, com concessões recíprocas e não simplesmente a supressão do direito trabalhista, sob o argumento da manutenção do emprego. Há necessidade de concessão de vantagem à classe trabalhadora que justifique a redução do direito trabalhista.

Nesse sentido, sustenta com propriedade Pedro Paulo Teixeira Manus: "a nosso ver, não permite o legislador constitucional, ainda que por instrumento coletivo, simples redução ou supressão de garantia constitucional ou legal, mas negociação que altere certo benefício em troca de outra vantagem, ou retire certo direito em favor de outra garantia compensatória" (*Direito do Trabalho*. 8ª ed. São Paulo: Atlas, 2003, p. 127).

No mesmo sentido, o Enunciado 33 da 1ª Jornada de Direito Material e Processual do Trabalho realizada no TST:

> NEGOCIAÇÃO COLETIVA. SUPRESSÃO DE DIREITOS. NECESSIDADE DE CONTRAPARTIDA. A negociação coletiva não pode ser utilizada somente como um instrumento para a supressão de direitos, devendo sempre indicar a contrapartida concedida em troca do direito transacionado, cabendo ao magistrado a análise da adequação da negociação coletiva realizada quando o trabalhador pleiteia em ação individual a nulidade de cláusula convencional.

Atualmente, diante dos fatores da globalização, do avanço da tecnologia e das próprias transformações na sociedade, muito se tem discutido sobre quais as garantias e direitos trabalhistas devem ser preservados para a manutenção da dignidade da pessoa humana do trabalhador e também quais direitos devem ser implementados para a efetiva garantia dessa dignidade.

Ao mesmo tempo que alguns defendem a desregulamentação do Direito do Trabalho, outros defendem uma nova interpretação para esse ramo do Direito, baseada nos direitos fundamentais para efetividade da dignidade da pessoa humana do trabalhador.

Mesmo em época de flexibilização do Direito do Trabalho, de altos índices de desemprego e globalização da economia, cresce o movimento de valorização do seu princípio protetor, que é a razão de ser do Direito do Trabalho, como medida de efetividade da proteção dos direitos fundamentais da pessoa, da realização do princípio da igualdade real entre os atores sociais partícipes da relação jurídica de trabalho e da dignidade da pessoa humana do trabalhador.

Acreditamos que para assegurar a dignidade da pessoa humana do trabalhador é necessária a fixação de um *piso vital mínimo de direitos ao trabalhador*, não só ao trabalhador regido pela CLT (aquele que trabalha sob a moldura dos arts. 2º e 3º da CLT), mas a todos aqueles que trabalham de forma pessoal e colocam sua força de trabalho em prol de outrem, o que configura a relação de trabalho *lato sensu*.

Nossa Constituição Federal prevê, no art. 1º, III e IV, a dignidade da pessoa humana e os valores sociais do trabalho como fundamentos do Estado Democrático de Direito, e no art. 3º, III e IV, menciona como objetivos da República Federativa do Brasil, a erradicação da pobreza e a marginalização, com a redução das desigualdades sociais e regionais, bem como a promoção do bem de todos, sem preconceitos de origem, etnia, sexo, cor, idade e qualquer outras formas de discriminação.

Interpretando-se sistematicamente os direitos fundamentais previstos nos arts. 1º e 3º da CF, sob a ótica da pessoa humana do trabalhador, de acordo com o princípio da máxima efetividade dos direitos fundamentais (Canotilho), conclui-se que a preservação dos valores sociais do trabalho é uma das formas de se garantir a dignidade da pessoa humana, bem como propiciar ao ser humano uma sociedade mais justa, com igualdade de oportunidades, para o seu pleno desenvolvimento físico e intelectual.

O Direito, e, em particular, o Direito do Trabalho, não é um fim em si mesmo, por isso deve estar a serviço do homem e sempre se adaptar ao ser humano e às mudanças da sociedade. O Direito do Trabalho deve ser um instrumento para melhoria das condições de vida do trabalhador e efetivação da Justiça Social.

O Direito deve sempre ser revitalizado pela interpretação, máxime o Direito do Trabalho, que é movimentado por grande eletricidade social. Por isso, ganha relevo a interpretação e aplicação do Direito do Trabalho sob o espectro dos Direitos Fundamentais previstos na Constituição Federal que têm aplicabilidade imediata e permitem adaptação às transformações da sociedade em razão dos princípios evolutivos e da força normativa dos princípios constitucionais. Embora possamos adaptar o Direito do Trabalho às transformações sociais, nunca podemos deixar de dar primazia ao trabalhador e à sua dignidade, que são a razão de existir desse ramo especializado do Direito. Hoje, apesar de o Direito do Trabalho passar por grandes transformações, principalmente em razão da globalização e do avanço da tecnologia, parcela significativa da doutrina já está iniciando um movimento pela revalorização do princípio protetor, como medidas de garantia de cidadania do trabalhador e justiça social.

Como mencionado anteriormente, o princípio da proteção à dignidade da pessoa humana é o núcleo basilar do ordenamento jurídico, do qual irradiam todos os demais direitos fundamentais. Por isso, acreditamos que há a necessidade de fixação de *piso vital mínimo de direitos ao trabalhador*, a fim de dar efetividade à dignidade da pessoa humana do trabalhador, como elemento essencial.

Cada trabalhador, por prestar seu serviço de forma pessoal, *intuito personae*, tem sua individualidade, ou seja, cada trabalhador é único como ser humano e merece ser respeitado e protegido com um piso mínimo de direitos.

Não é tarefa das mais fáceis fixar o que seria um piso mínimo vital de direitos para garantia da dignidade da pessoa humana do trabalhador. A própria Constituição Federal assegura, no art. 7º, um rol de direitos mínimos ao trabalhador, não excluindo outros que visem à melhoria de sua condição social. A CLT prevê nos Títulos II e III normas gerais de tutela ao trabalho, que são elencadas pela doutrina como pertencentes ao Direito Tutelar do Trabalho. São elas: direito ao registro do contrato de trabalho; duração do trabalho períodos de descanso; salário mínimo; férias; segurança e medicina do trabalho; nacionalização do trabalho e proteção ao trabalho da mulher e do menor.

Não obstante a dificuldade de se enumerar um rol de direitos que integrem o núcleo basilar de garantia da dignidade da pessoa humana do trabalhador, acreditamos que seja possível elencar direitos fundamentais indisponíveis que garantam a dignidade do trabalhador.

No nosso sentir, o piso vital mínimo de direitos para garantia da dignidade da pessoa humana do trabalhador abrange: *a) direitos fundamentais previstos nos arts. 1º e 3º da CF; b) direitos individuais previstos no art. 5º da CF, máxime os direitos atinentes à vida, à liberdade, à igualdade* (caput)*; privacidade, imagem e intimidade (V e X); liberdade de exercício de profissão (inciso XIII); liberdade de associação (XX) e acesso à Justiça do Trabalho (XXXV); c) direitos sociais previstos no art. 6º, máxime os direitos à saúde, lazer, proteção à maternidade, e à previdência social; d) direitos trabalhistas mínimos previstos no art. 7º da CF, máxime proteção contra a dispensa arbitrária (I), salário mínimo que atenda às necessidades básicas do trabalhador (IV), limitação de jornada e períodos de descanso (XIII e XV), redução dos riscos de acidentes de trabalho (XXII), vedação a qualquer forma de discriminação (XXX) e proteção em face da automação (XXVII); e) direito à livre filiação sindical (art. 8º da CF) e de participar da vida sindical; f) direito de greve (art. 9º da CF); g) direito ao meio ambiente equilibrado do trabalho (arts. 200, VIII, e 225 da CF).*

12. Aspectos Polêmicos da Cláusula Penal do Contrato do Atleta Profissional

TRT 2ª REGIÃO — 2010

Discorra sobre a aplicação da cláusula penal prevista no art. 28 da Lei n. 9.615/98.

A Lei n. 9.615/98, popularmente conhecida como "Lei Pelé", institui normas gerais sobre o desporto e dá outras providências.

Dispõe o art. 28 da Lei n. 9.615/98:

> Art. 28. A atividade do atleta profissional, de todas as modalidades desportivas, é caracterizada por remuneração pactuada em contrato formal de trabalho firmado com entidade de prática desportiva, pessoa jurídica de direito privado, que deverá conter, obrigatoriamente, cláusula penal para as hipóteses de descumprimento, rompimento ou rescisão unilateral. § 1º Aplicam-se ao atleta profissional as normas gerais da legislação trabalhista e da seguridade social, ressalvadas as peculiaridades expressas nesta Lei ou integrantes do respectivo contrato de trabalho. § 2º O vínculo desportivo do atleta com a entidade desportiva contratante tem natureza acessória ao respectivo vínculo trabalhista, dissolvendo-se, para todos os efeitos legais: **(parágrafo e incisos com redação dada pela Lei n. 10.672/03)** I — com o término da vigência do contrato de trabalho desportivo; ou II — com o pagamento da cláusula penal nos termos do *caput* deste artigo; ou ainda III — com a rescisão decorrente do inadimplemento salarial de responsabilidade da entidade desportiva empregadora prevista nesta Lei. § 3º O valor da cláusula penal a que se refere o *caput* deste artigo será livremente estabelecido pelos contratantes até o limite máximo de cem vezes o montante da remuneração anual pactuada. **(parágrafo acrescentado pela Lei n. 9.981/00)** § 4º Far-se-á redução automática do valor da cláusula penal prevista no *caput* deste artigo, aplicando-se, para cada ano integralizado do vigente contrato de trabalho desportivo, os seguintes percentuais progressivos e não cumulativos: **(redação dada pela Lei n. 10.672/03)** I — dez por cento após o primeiro ano; II — vinte por cento após o segundo ano; III — quarenta por cento após o terceiro ano; IV — oitenta por cento após o quarto ano. § 5º Quando se tratar de transferência internacional, a cláusula penal não será objeto de qualquer limitação, desde que esteja expresso no respectivo contrato de trabalho desportivo. **(parágrafo acrescentado pela Lei n. 9.981/00)**. § 6º (Revogado pela Lei n. 10.672/03)

§ 7º É vedada a outorga de poderes mediante instrumento procuratório público ou particular relacionados a vínculo desportivo e uso de imagem de atletas profissionais em prazo superior a um ano. (parágrafo acrescentado pela Lei n. 10.672/03)

O referido artigo regulamenta o contrato de trabalho do atleta profissional, estabelecendo requisitos formais de validade do contrato de trabalho, contrariando a disposição geral da CLT, que, no art. 442, estabelece forma livre de pactuação do contrato de trabalho, podendo este ser firmado inclusive de forma tácita.

Conforme nos ensina Domingos Sávio Zainaghi,[1] o art. 28 da Lei n. 9.615/98, é de aplicação obrigatória exclusivamente para atletas e entidades de prática profissional de futebol, sendo facultado às demais modalidades desportivas a adoção dos preceitos ali constantes, consoante os termos do art. 94 da lei.

O contrato de trabalho do atleta profissional é de emprego, pois a ele se aplicam as legislações trabalhista e previdenciária (art. 28, *caput,* da Lei n. 9.615/98), devendo ser pactuado de forma escrita, por prazo determinado e conter a remuneração e a cláusula penal.

Na precisa definição de Orlando Gomes e Élson Gottschalk:

> Contrato de trabalho é a convenção pela qual um ou vários empregados, mediante certa remuneração e em caráter não eventual, prestam trabalho pessoal em proveito e sob direção do empregador. (*Curso de direito do trabalho*. 17ª ed. Rio de Janeiro: Forense, 2005, p. 121).

Nos clássicos ensinamentos de Délio Maranhão, o contrato de trabalho *stricto sensu* é o negócio jurídico pelo qual uma pessoa física (empregado) se obriga, mediante o pagamento de uma contraprestação (salário), a prestar trabalho não eventual em proveito de outra pessoa, física ou jurídica (empregador), a quem fica juridicamente subordinada.

Nos termos da definição acima, são requisitos para configuração de um contrato de trabalho: a) continuidade da prestação dos serviços; b) subordinação; c) onerosidade; d) pessoalidade.

Prevalece na doutrina e na jurisprudência que a natureza jurídica do contrato de trabalho é contratual, já que "ninguém será empregado de outrem senão por sua própria vontade. Ninguém terá outrem como seu empregado senão também quando for da sua vontade. Assim, mesmo se uma pessoa começar a trabalhar para outra sem que expressamente nada tenha sido combinado entre ambas, isso só será possível pela vontade ou pelo interesse das duas". (Amauri Mascaro Nascimento).

Além disso, o contrato de trabalho é um negócio jurídico de direito privado que segue os princípios gerais de direito contratual, quais sejam: 1) o da autonomia da

(1) *Nova legislação desportiva*: aspectos trabalhistas. 2. ed. São Paulo: LTr, 2004. p. 16.

vontade; 2) o consensualismo; 3) o da força obrigatória; 4) o da boa-fé. Orlando Gomes adverte, porém, que "a liberdade de contratar, propriamente dita, jamais foi ilimitada. Duas limitações de caráter geral sempre confirmaram-na: a ordem pública e os bons costumes". Mais recentemente, o contrato de trabalho segue também os princípios gerais do direito contratual, que são: função social do contrato (art. 421 do CC); boa-fé objetiva (art. 422 do CC) e interpretação mais favorável nos contratos de adesão (art. 423 do CC).

Por ser um contrato bilateral, oneroso e comutativo, o contrato de trabalho gera obrigações recíprocas entre as partes. As principais obrigações das partes que compõem a relação jurídica trabalhista são: o pagamento dos salários (empregador) e a prestação pessoal de serviços (empregado). Entretanto, o contrato de trabalho não se resume nestas duas obrigações, porquanto essa espécie contratual envolve uma gama de obrigações das partes de ordens pessoal, patrimonial e moral.

A cláusula penal é um requisito obrigatório do contrato de trabalho do atleta profissional, nos termos do já citado § 3º do art. 28 da Lei n. 9.615/98.

Sobre a cláusula penal, nos ensina Maria Helena Diniz:[(2)]

> A cláusula penal ou penal convencional é um pacto acessório pelo qual as próprias partes contratantes estipulam, de antemão, pena pecuniária ou não contra a parte infringente da obrigação, como consequência de sua inexecução culposa ou de seu retardamento, fixando, assim, o valor das perdas e danos e garantindo o exato cumprimento da obrigação principal.

A finalidade da cláusula penal é forçar o cumprimento da obrigação. Conforme Zainaghi,[(3)] "a cláusula penal não é uma forma disfarçada da manutenção do passe, mas sim um meio de se evitar o aliciamento de jogadores durante uma competição".

Nos termos do § 3º do art. 28 da Lei n. 9.615/98, o valor da cláusula penal pode ser estipulado em até cem vezes o valor da remuneração anual paga ao atleta. Quando se tratar de transferência para o exterior, a cláusula penal não tem o limite fixado pelo referido dispositivo legal, no entanto, esse valor pode ser fixado de forma consensual, logo na assinatura do contrato de trabalho.

Discute-se, na doutrina e na jurisprudência, se a cláusula penal prevista no art. 28, da Lei n. 9.615/98 é aplicável somente para o empregado ou se também alcança o empregador, vale dizer: a cláusula é de mão dupla.

Alice Monteiro de Barros, após mudar de opinião, entende que a cláusula penal é aplicável tão somente ao atleta; para o clube, caso o contrato seja descumprido antes do seu término, aplica-se a indenização prevista nos arts. 479 e 480 da CLT. Assevera referida jurista:[(4)]

---

(2) *Código Civil anotado*. 11. ed. São Paulo: Saraiva, 2005. p. 394.
(3) *Op. cit.*, p. 19.
(4) *Contratos e regulamentações especiais de trabalho*: peculiaridades, aspectos controvertidos e tendências. 3. ed. São Paulo: LTr, 2008. p. 112-113.

> Filiávamos à corrente segundo a qual a cláusula penal seria devida no rompimento do contrato, por iniciativa de qualquer uma das partes e não apenas quando o desligamento partisse do atleta. E mais, se as partes não estipularem a referida cláusula, compete à Justiça do Trabalho fixá-la, dado o caráter obrigatório da inserção, como se infere do art. 28 da Lei n. 9.615, de 1998 (...) Acontece que a Lei n. 10.672, de 15 de maio de 2003, ao alterar a redação do § 3º do art. 31 da Lei n. 9.615 de 1998, deixou claro que se a rescisão contratual se operar por atraso no pagamento de salário, na forma do *caput* deste artigo, a multa rescisória em favor do atleta será conhecida pela aplicação do art. 479, da CLT, isto é, o empregado receberá metade da remuneração que lhe seria devida pelo tempo restante do contrato. Não se trata, a rigor, de multa, mas de uma indenização pela ruptura antecipada do contrato. Não há dúvida, entretanto, de que o objetivo do legislador foi excluir o atleta da cláusula pena a que se refere o art. 28 da Lei n. 9.615, de 1998, mantendo-a apenas em favor da entidade de prática desportiva, apesar da contradição com o art. 33 já citado.

Pensamos de forma diversa, pois a Lei n. 9.615/98 não faz qualquer distinção em ser devida a cláusula apenas para o empregado, e para o empregador apenas o art. 479 da CLT.

O art. 28 não deve ser interpretado com o art. 31, § 3º, ambos da Lei n. 9.615/98[5], pois este último dispositivo se refere à situação específica para a rescisão do contrato, qual seja, atraso de salários e mora contumaz nos recolhimentos de FGTS e previdenciários.

Desse modo, no nosso entendimento, a cláusula penal se aplica tanto para empregado como empregador em razão do equilíbrio contratual e boa-fé objetiva que deve nortear os contratos de atletas profissionais. Se o empregador violar os direitos previstos no art. 31 da Lei n. 9.615/98, terá de pagar a cláusula penal além da indenização do art. 479 da CLT.

A presente leitura está também em compasso com a função social do contrato de trabalho e melhoria da condição social do trabalhador (art. 7º, *caput*, da CF e art. 421 do CC).

---

(5) Art. 31 da Lei n. 9.615/98: A entidade de prática desportiva empregadora que estiver com pagamento de salário de atleta profissional em atraso, no todo ou em parte, por período igual ou superior a três meses, terá o contrato de trabalho daquele atleta rescindido, ficando o atleta livre para se transferir para qualquer outra agremiação de mesma modalidade, nacional ou internacional, e exigir a multa rescisória e os haveres devidos. (...) § 3º Sempre que a rescisão se operar pela aplicação do disposto no *caput* deste artigo, a multa rescisória a favor do atleta será conhecida pela aplicação do disposto no art. 479 da CLT. (**redação dada Lei n. 10.672/03**).

QUESTÕES DE DIREITO PROCESSUAL

1. O Novo Conceito de Sentença e Reflexos nas Decisões Interlocutórias no Processo Civil e no Processo do Trabalho

TRT 23ª REGIÃO — 2009

Diante do novo conceito legal de sentença (§ 1º do art. 162 do CPC), disserte acerca da existência de sentenças parciais e a recorribilidade da decisão que, na audiência inicial (processo do trabalho) ou na decisão saneadora (processo civil), exclui um dos litisconsortes passivos por ilegitimidade de parte.

A palavra sentença vem do latim *sentire*, que significa sentimento. Por isso, podemos dizer que a sentença é o sentimento do Juiz sobre o processo. É a principal peça da relação jurídica processual, na qual o Juiz irá decidir se acolhe ou não a pretensão posta em juízo, ou extinguirá o processo sem resolução do mérito.

A sentença, para alguns, é um ato de vontade, no sentido de atendimento à vontade da lei, mas também um comando estatal ao qual devem obediência os atingidos pela decisão. Para outros, constitui um ato de inteligência do juiz, por meio do qual este faz a análise detida dos fatos, crítica ao direito e propõe a conclusão, declarando a cada um o que é seu por direito.

Não obstante, há consenso de que a sentença é o ponto culminante do processo, sendo a principal peça processual. É ato privativo do Juiz (art. 162, § 1º, do CPC) e personalíssimo do magistrado, entretanto, a sentença deve seguir os requisitos legais e formais de validade (arts. 832 da CLT e 458 do CPC).

No nosso sentir, a sentença não é só um ato de inteligência do Juiz, mas também um ato de vontade, no sentido de submeter a pretensão posta em juízo à vontade da lei ou do ordenamento jurídico, e também de submeter as partes ao comando sentencial. Além disso, a sentença também é um ato de justiça, no qual o Juiz, além de valorar os fatos e subsumi-los à lei, fará a interpretação do ordenamento jurídico de forma justa e equânime, atendendo não só aos ditames da Justiça no caso concreto, mas ao bem comum (art. 5º da LICC). Portanto, a natureza jurídica da sentença é de um ato complexo, sendo um misto de ato de inteligência do Juiz, de aplicação da vontade da lei ao caso concreto e, acima de tudo, um ato de justiça.

A Consolidação das Leis do Trabalho não define o conceito de sentença. Desse modo, resta aplicável ao Processo do Trabalho (art. 769 da CLT) a definição de sentença prevista no art. 162 do CPC.

O CPC de 1973, no art. 162, § 1º, fixava o conceito de sentença como sendo o ato pelo qual o Juiz põe termo ao processo decidindo ou não o mérito da causa. Portanto, conceito de sentença estava atrelado à finalidade do ato judicial que punha termo ao processo.

Atualmente, a Lei n. 11.232/05 alterou o conceito de sentença, pois extinguiu o processo de execução para título executivo judicial, e estabeleceu a fase de cumprimento de sentença, consagrando o chamado sincretismo processual. Desse modo, para a execução de sentença, não há mais um processo autônomo e burocrático de execução, mas uma fase de cumprimento da sentença. Sendo assim, a sentença não extingue mais o processo, e sim o seu cumprimento.

Dispõe o § 1º do art. 162 do CPC, com a redação dada pela Lei n. 11.232/2005:

> Art. 162 (...)
>
> § 1º. Sentença é o ato do juiz que implica alguma das situações previstas nos arts. 267 e 269 desta Lei.

Conforme se constata da redação do citado dispositivo legal, a sentença não põe mais fim ao Processo, mas implica uma das hipóteses do art. 267 do CPC,[1] que consagra as hipóteses de extinção do processo sem resolução do mérito, ou do art. 269

(1) Art. 267. Extingue-se o processo, sem resolução de mérito: (Redação dada pela Lei n. 11.232/05) I — quando o juiz indeferir a petição inicial; II — quando ficar parado durante mais de 1 (um) ano por negligência das partes; III — quando, por não promover os atos e diligências que lhe competir, o autor abandonar a causa por mais de 30 (trinta) dias; IV — quando se verificar a ausência de pressupostos de constituição e de desenvolvimento válido e regular do processo; V — quando o juiz acolher a alegação de perempção, litispendência ou de coisa julgada; VI — quando não concorrer qualquer das condições da ação, como a possibilidade jurídica, a legitimidade das partes e o interesse processual; VII — pela convenção de arbitragem; (Redação dada pela Lei n. 9.307/96) VIII — quando o autor desistir da ação; IX — quando a ação for considerada intransmissível por disposição legal; X — quando ocorrer confusão entre autor e réu; XI — nos demais casos prescritos neste Código. § 1º O juiz ordenará, nos casos dos ns. II e III, o arquivamento dos autos, declarando a extinção do processo, se a parte, intimada pessoalmente, não suprir a falta em 48 (quarenta e oito) horas. § 2º No caso do parágrafo anterior, quanto ao n. II, as partes pagarão proporcionalmente as custas e, quanto ao n. III, o autor será condenado ao pagamento das despesas e honorários de advogado (art. 28). § 3º O juiz conhecerá de ofício, em qualquer tempo e grau de jurisdição, enquanto não proferida a sentença de mérito, da matéria constante dos ns. IV, V e VI; todavia, o réu que a não alegar, na primeira oportunidade em que lhe caiba falar nos autos, responderá pelas custas de retardamento. § 4º Depois de decorrido o prazo para a resposta, o autor não poderá, sem o consentimento do réu, desistir da ação.

do CPC,[2] que estabelece as hipóteses de resolução do mérito. O conceito de sentença, portanto, está atrelado ao conteúdo do ato e não à sua finalidade, que é pôr fim ao processo.

Pode-se questionar o acerto do legislador ao delinear o novo conceito de sentença, pois há algumas sentenças de mérito que, efetivamente, extinguem o processo, como a sentença de improcedência, que é declaratória negativa, a sentença meramente declaratória e a sentença constitutiva, evidentemente após confirmadas em grau de recurso, ou se não forem interpostos recursos em face delas, uma vez que não comportam a fase de execução. Também as chamadas sentenças mandamentais, que são as que expedem uma ordem de cumprimento pelo Juiz, não necessitam da fase de execução.

Por outro lado, a interpretação do referido § 1º do art. 162 do CPC não pode ser literal, pois, embora tenha sido alterado o conceito de sentença, o sistema do Código de Processo Civil permaneceu o mesmo quanto às decisões interlocutórias e os despachos (art. 162, §§ 2º e 3º, do CPC[3]).

Sendo assim, conforme já sedimentado em doutrina, podemos definir sentença como o ato do juiz que implica alguma das hipóteses dos arts. 267 e 269 do CPC, que extingue o processo ou encerra a fase de conhecimento, ou de execução.

Como bem adverte Nélson Nery Júnior[4], após analisar o conteúdo do § 1º do art. 162 do CPC, "sentença é o pronunciamento do juiz que contém uma das matérias do CPC 267 ou 269 e que, ao mesmo tempo, extingue o processo ou a fase de conhecimento no primeiro grau de jurisdição".

Nesse sentido é o art. 158 do Anteprojeto do Novo Código de Processo Civil, *in verbis*:

---

(2) Art. 269. Haverá resolução de mérito: (Redação dada pela Lei n. 11.232/05) I — quando o juiz acolher ou rejeitar o pedido do autor; (Redação dada pela Lei n. 5.925/73) II — quando o réu reconhecer a procedência do pedido; (Redação dada pela Lei n. 5.925/73) III — quando as partes transigirem; (Redação dada pela Lei n. 5.925/73) IV — quando o juiz pronunciar a decadência ou a prescrição; (Redação dada pela Lei n. 5.925/73) V — quando o autor renunciar ao direito sobre que se funda a ação. (Redação dada pela Lei n. 5.925/73)

(3) Art. 162 do CPC:. Os atos do juiz consistirão em sentenças, decisões interlocutórias e despachos. § 1º Sentença é o ato do juiz que implica alguma das situações previstas nos arts. 267 e 269 desta Lei. (Redação dada pela Lei n. 11.232/05) § 2º Decisão interlocutória é o ato pelo qual o juiz, no curso do processo, resolve questão incidente. § 3º São despachos todos os demais atos do juiz praticados no processo, de ofício ou a requerimento da parte, a cujo respeito a lei não estabelece outra forma. § 4º Os atos meramente ordinatórios, como a juntada e a vista obrigatória, independem de despacho, devendo ser praticados de ofício pelo servidor e revistos pelo juiz quando necessários. (acrescentado pela Lei n. 8.952/94)

(4) *Código de Processo Civil comentado*. 11. ed. São Paulo: RT, 2010. p. 447.

Art. 158. Os pronunciamentos do juiz consistirão em sentenças, decisões interlocutórias e despachos. § 1º Ressalvadas as previsões expressas nos procedimentos especiais, sentença é o pronunciamento por meio do qual o juiz, com fundamento nos arts. 473 e 475, põe fim à fase cognitiva do procedimento comum, bem como o que extingue a execução.

A CLT não define o conceito de decisão interlocutória, e desse modo, por força do art. 769 da CLT, aplica-se o conceito disciplinado no Código de Processo Civil.

Diz o art. 162, § 2º, do CPC:

§ 2º Decisão interlocutória é o ato pelo qual o juiz, no curso do processo, resolve questão incidente.

À luz do referido dispositivo legal e da melhor técnica processual, decisão interlocutória é a proferida no curso do processo, que resolve questão incidente, causando gravame a uma ou a ambas as partes, sem pôr fim ao processo. O que diferencia a decisão interlocutória do despacho é a lesividade da decisão que se encontra ausente no despacho.

O princípio da irrecorribilidade das decisões interlocutórias no Processo do Trabalho decorre do princípio da oralidade, a fim de atribuir maior agilidade ao procedimento, bem como propiciar maior celeridade processual.

De outro lado, não é bem verdade que as decisões interlocutórias são irrecorríveis, uma vez que não o são de imediato, mas podem ser questionadas quando do recurso interposto da decisão final.

A jurisprudência do TST tem fixado entendimento de que se a decisão interlocutória dos Tribunais Regionais do Trabalho contrariarem Súmula ou Orientação Jurisprudencial do TST, ou for terminativa do feito na Justiça do Trabalho ou encaminhar o Processo para Tribunal diverso do que prolatou a decisão em exceção de incompetência em razão do lugar, tal decisão, embora tenha natureza interlocutória, pode ser recorrível.

Nesse sentido é a Súmula n. 214 do C. TST, *in verbis*:

DECISÃO INTERLOCUTÓRIA. IRRECORRIBILIDADE — Na Justiça do Trabalho, nos termos do art. 893, § 1º, da CLT, as decisões interlocutórias não ensejam recurso imediato, salvo nas hipótese de decisão: a) de Tribunal Regional do Trabalho contrária à Súmula ou Orientação Jurisprudencial do Tribunal Superior do Trabalho; b) suscetível de impugnação mediante recurso para o mesmo Tribunal; c) que acolhe exceção de incompetência territorial, com a remessa dos autos para Tribunal Regional distinto daquele a que se vincula o juízo excepcionado, consoante o disposto no art. 799, § 2º, da CLT.

Quanto à alínea *a* do referido verbete sumular, em que pese o respeito que merece a referida Súmula, com ela não concordamos, pois, mesmo quando a decisão do TRT contrarie Súmula do Tribunal Superior do Trabalho, ela não deixa de ser interlocutória. Além disso, desafia Recurso de Revista para o TST, provocando demora demasiada na tramitação do Processo.

Em sentido contrário argumenta Carlos Henrique Bezerra Leite: "Andou bem o TST ao permitir a interposição imediata de recurso de decisões dos TRTs contrárias às Súmulas ou Orientações Jurisprudenciais. Trata-se de homenagem aos princípios da economia e celeridade processuais, pois evita que o processo retorne à Vara do Trabalho quando a decisão atacada (do TRT) esteja em desconformidade com entendimento sumulado, reiterado, retirado, iterativo e atual do TST".

Quanto à alínea *b* da Súmula n. 214 do TST, quando houver possibilidade de interposição de recurso para o mesmo tribunal em Regimentos Internos, a decisão interlocutória será recorrível. É o que acontece com as liminares concedidas ou denegadas por relatores em tutelas de emergência ou em mandados de segurança ou nas hipóteses do art. 557 do CPC. Nessas hipóteses, será cabível o Agravo Regimental.

Nesse sentido adverte Luciano Athayde Chaves:[(5)]

> Se há possibilidade de, no mesmo órgão colegiado, impugnar-se a decisão interlocutória, melhor para o desenvolvimento do processo que o tema seja logo enfrentado pelo órgão revisor interno, evitando-se, com isso, nova marcha processual na instância *a quo* (ou noutro ramo do Judiciário, em caso de arguição de incompetência), para, muito mais adiante, reverter-se a decisão incidente.

No que tange à alínea *c* da Súmula n. 214 do C. TST, o fundamento é o art. 799, § 2º, da CLT, que assim dispõe:

> Nas causas da jurisdição da Justiça do Trabalho, somente podem ser opostas, com suspensão do feito, as exceções de suspeição ou incompetência. (artigo com redação dada pela Dec.-lei n. 8.737/46 (...) § 2º Das decisões sobre exceções de suspeição e incompetência, salvo, quanto a estas, se terminativas do feito, não caberá recurso, podendo, no entanto, as partes alegá-las novamente no recurso que couber da decisão final.

Em que pese não se amoldar o verbete sumular à hipótese legal, o Tribunal Superior do Trabalho, dando interpretação corretiva ao art. 799, § 2º, da CLT, fixou entendimento no sentido de que, se a decisão proferida na exceção de incompetência em razão do lugar for extintiva do processo no âmbito do Regional que a prolatou, encaminhando o processo para Tribunal diverso, a decisão poderá ser impugnável por meio de recurso ordinário.

Tecnicamente, não concordamos com a alínea *c*, da Súmula n. 214, pois, efetivamente, tal decisão não é extintiva do processo, já que ele continuará em outro Tribunal Regional. Entretanto, tal argumento fica vencido pelo entendimento do TST, pois a decisão é potencialmente apta a gerar grandes prejuízos ao trabalhador, que poderá ter que se deslocar para outro Estado, podendo inviabilizar, muitas vezes, seu acesso à justiça.

---

(5) *Temas de direito processual do trabalho*. São Paulo: LTr, 2009. p. 193.

Como bem adverte Luciano Athayde Chaves:[6] "(...) a experiência demonstrou que, ainda que não terminativa na Justiça do Trabalho, a decisão declinatória de foro para juízo trabalhista vinculado à jurisdição de outro TRT resulta em transtornos ao princípio constitucional do amplo acesso à justiça, porquanto exige que a parte lá passe a acompannhar o desenrolar do feito para, somente em sede de recurso ordinário, impugnar a interlocutória, com manifestos prejuízos econômicos e jurídicos (dificuldade de deslocamento e de produção de sua prova, além dos óbices presumidos para exercer seus atos processuais)".

Nesse sentido a seguinte ementa:

Decisão interlocutória — Irrecorribilidade. As decisões interlocutórias, na Justiça do Trabalho, só são recorríveis de imediato quando terminativas do feito, podendo ser impugnadas na oportunidade da interposição de recurso contra decisão definitiva, salvo quando proferidas em acórdão sujeito a recurso para o mesmo Tribunal (TST, Súmula, Enunciado n. 214). (TRT — 12ª R — 2ª T. — Ac. n. 9926/2002 — Rel. Moreira Cacciari — DJSC 9.9.2002 — p. 186) (RDT n. 10 — outubro de 2002)

Grande parte da doutrina e também parte significativa da jurisprudência têm exigido que a parte tenha feito lançar os protestos no processo ou na ata de audiência, a fim de demonstrar sua irresignação quanto à decisão interlocutória para que possa questionar o merecimento da decisão quando do recurso em face da decisão definitiva.

Nesse sentido, destaca-se a seguinte ementa:

1. Nulidade — Protesto — Inexistência. Se as partes não tinham outras provas, tanto que sob tal color a instrução foi encerrada, sem protestos, a nulidade em nada aproveitaria a reclamada, posto que nenhuma das partes têm mais provas a produzir. Tenho sempre dito que na Justiça do Trabalho o respectivo processo também se subsume aos princípios de sua utilidade e finalidade, por isso que não se pronuncia nulidade senão havendo prejuízo e mediante provocação das partes na primeira oportunidade (CLT, arts. 794 e 795). Encerrada a instrução processual sem qualquer reserva da reclamada consignada na audiência, não há nulidade a ser declarada. Por outro lado, tampouco se repete o ato se se pode supri-lo (CLT, art. 796). 2. Testemunha — Demanda com o mesmo objeto — Quando não há suspeição. Emprestando melhor temperamento ao Enunciado n. 357/TST, precedentes há segundo os quais "As testemunhas arroladas pelos autores que demandam contra o réu, considerado o objeto do processo, têm interesse no desfecho desta última devendo serem tidas como suspeitas" (STF, RE n. 220.329-1 MT, Min. Marco Aurélio, DJU 20.04.2001); "O mundo do Direito não pode dissociar-se do que realmente ocorre na vida prática. Se a testemunha do reclamante move ação contra a empresa, é evidente que tem Animus contendor" (TST, RR-145.392/94, Min. Rider Nogueira de Brito, DJU 27.09.96). Tudo não obstante, julgado o processo em que a testemunha era parte, e transitado em julgado a sentença, antes mesmo da data em que o testemunho foi prestado, desapareceu qualquer interesse pessoal que pudesse ter a testemunha no desate desta causa. (TRT 10ª R. — 3ª T. — RO n. 723.2003.007.10.00-0 — Rel. Bertholdo Satyro — DJDF 19.03.04 — p. 35) (RDT n. 4 — abril de 2004)

(6) *Op. cit.*, p. 194.

O protesto, na verdade, não existe nem na Legislação Processual Trabalhista, tampouco na Processual Civil, entretanto, a praxe e a jurisprudência o admitem por força de interpretação sistemática dos arts. 794 e 795 da CLT, a fim de evitar eventual preclusão em face das nulidades, pois exige o art. 795 consolidado que as nulidades sejam invocadas no primeiro momento em que a parte pode falar nos autos.

Não obstante, pensamos que, diante da clareza do art. 893, § 1º, da CLT, não há necessidade de a parte fazer lançar os protestos na ata de audiência ou em qualquer outra peça processual para poder questionar o merecimento da decisão interlocutória no recurso em face da decisão principal, uma vez que a própria lei determina que o merecimento das decisões interlocutórias será apreciado quando do julgamento do recurso da decisão definitiva. Portanto, o momento de se impugnarem as decisões interlocutórias é no recurso cabível em face da decisão definitiva, independentemente de manifestação de qualquer irresignação anterior.

Diante da inexistência de remédio específico, no Processo do Trabalho, para se impugnar as decisões interlocutórias, de imediato, a jurisprudência do TST tem admitido o manejo do mandado de segurança para tal finalidade, quando houver na decisão ilegalidade ou abuso de poder.

Diante do exposto, se o Juiz de Direito ou o Juiz do Trabalho preferirem decisão no curso do processo, mesmo com conteúdo dos arts. 267 ou 269 do CPC, tais como exclusão de um dos litisconsortes ou indeferimento da reconvenção, elas não serão sentença e sim decisões interlocutórias. No processo civil, em face de tais decisões, será cabível o recurso de agravo de instrumento e, no processo do trabalho, elas não serão recorríveis de imediato, podendo ser questionadas quando do recurso em face da decisão final na fase de conhecimento.

2. FALSO TESTEMUNHO NO PROCESSO DO TRABALHO. POSSIBILIDADE DE PRISÃO EM FLAGRANTE. REFLEXOS NO PROCESSO CRIMINAL

TRT 2ª REGIÃO — 2010

Durante audiência trabalhista, a testemunha indicada pela empresa, após compromisso, se recusa, sem justificativa legal, a responder perguntas feitas pelo Juiz. Ato contínuo, o Magistrado decreta a prisão em flagrante da testemunha, determinando ao oficial de justiça o seu recolhimento ao Distrito Policial. Indaga-se:

a) Qual a consequência jurídica do ato do Juiz, no âmbito penal?

b) Qual a consequência jurídica do ato do Juiz, no âmbito da reclamação trabalhista?

Diz o art. 342 do Código Penal:

Art. 342. Fazer afirmação falsa, ou negar ou calar a verdade, como testemunha, perito, contador, tradutor ou intérprete em processo judicial, ou administrativo, inquérito policial, ou em juízo arbitral: (Redação dada pela Lei n. 10.268/01) Pena — reclusão, de um a três anos, e multa. § 1º As penas aumentam-se de um sexto a um terço, se o crime é praticado mediante suborno ou se cometido com o fim de obter prova destinada a produzir efeito em processo penal, ou em processo civil em que for parte entidade da administração pública direta ou indireta. (Redação dada pela Lei n. 10.268/01). § 2º O fato deixa de ser punível se, antes da sentença no processo em que ocorreu o ilícito, o agente se retrata ou declara a verdade. (Redação dada pela Lei n. 10.268/01)

A tipificação penal do crime de falso testemunho tem por objeto preservar a dignidade da Justiça, garantindo a seriedade do processo, bem como a efetividade processual.

Nos ensina Júlio Fabbrini Mirabete:(1) "O crime de falso testemunho ou falsa perícia é delito de mão própria: somente pode ser executado por testemunha, perito, tradutor ou intérprete."

Na Justiça do Trabalho, como destacamos, a prova testemunhal tem sido a prova mais utilizada e muitas vezes a única modalidade de prova que possui o empregado, uma vez que os documentos da relação de emprego ficam na posse do empregador.

Desse modo, é situação frequente o Juiz do Trabalho, durante as audiências, se deparar com testemunhas que ocultam ou alteram a verdade dos fatos em juízo.

Acreditamos que o procedimento do magistrado deve ser cauteloso diante do falso testemunho, avaliar o conjunto probatório, e considerar que pequenas divergências são próprias da prova testemunhal, pois a testemunha depõe sobre fatos pretéritos e a interpretação dos fatos varia de pessoa para pessoa.

Nesse sentido, destacam-se as seguintes ementas:

> Testemunhas. Falso testemunho. Inocorrência. Depoimento testemunhais não são esperados e colhidos com harmonia e um coro; pequenas divergências são absolutamente normais e, antes de desqualificarem o depoimento, dão-lhes até mais credibilidade. A configuração do falso testemunho exige segurança de intencionalidade. (TRT/SP 02223200203302001 — RO — Ac. 6ª T. — 20040091095 — Rel. Rafael Edson Pugliese Ribeiro — DOE 19.3.2004).
>
> Falso testemunho. O delito de falso testemunho só se configura pela divergência entre o conhecimento dos fatos e o depoimento que se vem a prestar em Juízo, jamais pela divergência entre depoimentos de duas testemunhas ou destas com a parte. (TRT/SP 00571200225502008 — RO — Ac. 6ª T . —20040124562 —Rel. Rafael Edson Pugliese Ribeiro — DOE 2.4.2004).

Além disso, muitas vezes uma nova advertência durante a oitiva pode resolver o problema, propiciando a retratação.

Pensamos não ser prudente o Juiz, durante o depoimento, embora isso seja possível, dar voz de prisão à testemunha que alterou a verdade dos fatos, pois é na sentença que o magistrado avaliará o conjunto probatório e terá melhores condições de convencimento sobre a existência do delito de falso testemunho.

A voz de prisão, que no nosso sentir pode ser dada pelo Juiz do Trabalho, encontra suporte na chamada competência penal periférica do magistrado trabalhista, incidentais em sua atuação jurisdicional, pois tem o dever de zelar pela dignidade do processo e pelo cumprimento da legislação, inclusive a criminal.

Como destaca Guilherme Guimarães Feliciano:(2)

> Os Juízes do Trabalho exercitam, todavia, funções penais periféricas de ordem correicional e administrativa, que podem ser condensadas em três

---

(1) *Código Penal interpretado*. 3. ed. São Paulo: Atlas, 2003. p. 2230.
(2) *Aspectos penais da atividade jurisdicional do juiz do trabalho*. LTr 66/12-1487.

paradigmas, a saber, os institutos penais afins, o dever de noticiar (notícia-crime judicial compulsória — art. 40 do CPP) e a prisão em flagrante. Sobre esta última, entendemos aplicar-se ao Juiz do Trabalho, como a todo Juiz investido de jurisdição no local dos fatos, o ditame do art. 307 do CPP.

Deve ser destacado que alguns autores defendem que o Juiz não possa dar ordem de prisão à testemunha que está cometendo o falso testemunho (flagrante delito), em razão de a testemunha poder se retratar antes da sentença.

A prisão decretada pelo Juiz do Trabalho tem suporte no flagrante delito, não servindo de elemento para eventual instauração do processo penal, conforme a livre convicção do Ministério Público. Portanto, não há vinculação do Ministério Público à convicção do Magistrado Trabalhista, uma vez que a competência para apreciar o delito de falso testemunho não é do Juiz do Trabalho e sim da Justiça Federal, conforme a Súmula n. 165 do STJ.

No âmbito trabalhista, o falso testemunho desqualifica o depoimento da testemunha, que não servirá como elemento de convicção do órgão julgador, gerando situação processual desfavorável à parte que arrolou a testemunha que cometeu falso testemunho.

Entretanto, cabe ao Juiz valorar, segundo sua livre convicção motivada (art. 131 do CPC), o valor do depoimento da testemunha que comete falso testemunho, podendo aproveitar algum fato que entendeu não ter havido alteração ou ocultação da verdade.

De nossa parte, o depoimento da testemunha que altera ou oculta algum fato contamina o depoimento por inteiro, pois atenta contra a dignidade do processo e da própria Justiça do Trabalho.

3. Nova Lei do Mandado de Segurança e Irrecorribilidade das Decisões Interlocutórias no Processo do Trabalho

TRT 2ª REGIÃO — 2010

A Lei n. 12.016, de 7 de agosto de 2009, trouxe nova disciplina ao mandado de segurança individual e coletivo. Faça a análise comparativa do art. 7º, § 1º, da lei em questão, com os princípios, as normas e as regras que informam o Direito Processual do Trabalho.

Dispõe art. 7º da Lei n. 12.016/09:

Art. 7º Ao despachar a inicial, o juiz ordenará: I — que se notifique o coator do conteúdo da petição inicial, enviando-lhe a segunda via apresentada com as cópias dos documentos, a fim de que, no prazo de 10 (dez) dias, preste as informações; II — que se dê ciência do feito ao órgão de representação judicial da pessoa jurídica interessada, enviando-lhe cópia da inicial sem documentos, para que, querendo, ingresse no feito; III — que se suspenda o ato que deu motivo ao pedido, quando houver fundamento relevante e do ato impugnado puder resultar a ineficácia da medida, caso seja finalmente deferida, sendo facultado exigir do impetrante caução, fiança ou depósito, com o objetivo de assegurar o ressarcimento à pessoa jurídica. § 1º Da decisão do juiz de primeiro grau que conceder ou denegar a liminar caberá agravo de instrumento, observado o disposto na Lei n. 5.869, de 11 de janeiro de 1973 — Código de Processo Civil. § 2º Não será concedida medida liminar que tenha por objeto a compensação de créditos tributários, a entrega de mercadorias e bens provenientes do exterior, a reclassificação ou equiparação de servidores públicos e a concessão de aumento ou a extensão de vantagens ou pagamento de qualquer natureza. § 3º Os efeitos da medida liminar, salvo se revogada ou cassada, persistirão até a prolação da sentença. § 4º Deferida a medida liminar, o processo terá prioridade para julgamento. § 5º As vedações relacionadas com a concessão de liminares previstas neste artigo se estendem à tutela antecipada a que se referem os arts. 273 e 461 da Lei n. 5.869, de 11 janeiro de 1973 — Código de Processo Civil.

Conforme o referido dispositivo, da decisão do juiz de primeiro grau que conceder ou denegar a liminar caberá agravo de instrumento, observado o disposto na Lei n. 5.869, de 11 de janeiro de 1973 — Código de Processo Civil.

Desse modo, ficou expressamente previsto o agravo de instrumento para impugnação da decisão que concede ou rejeita a liminar. Inegavelmente, a decisão que concede ou rejeita a liminar tem *status* de decisão interlocutória, nos termos do art. 162, § 2º, do CPC:

> § 2º Decisão interlocutória é o ato pelo qual o juiz, no curso do processo, resolve questão incidente.

A sistemática recursal da Lei do Mandado de Segurança deve ser compatibilizada com a sistemática recursal trabalhista.

No processo do trabalho, como é sabido, as decisões interlocutórias não são recorríveis do art. 893, § 1º, da CLT, que assim dispõe:

> § 1º Os incidentes do processo são resolvidos pelo próprio Juízo ou Tribunal, admitindo-se a apreciação do merecimento das decisões interlocutórias somente em recursos da decisão definitiva. (Redação dada pelo Dec-lei n. 8.737/46)

No Processo do Trabalho, há previsão nos Regimentos Internos dos Tribunais sobre o cabimento do Agravo Regimental para atacar decisão do relator no Mandado de Segurança que rejeita ou concede a liminar, não sendo cabível novo mandado de segurança para tal finalidade.

Nesse sentido dispõe a OJ n. 140 da SDI-II do C. TST, *in verbis*:

> Mandado de segurança contra liminar, concedida ou denegada em outra segurança. Incabível. (Art. 8º da Lei n. 1.533/51) (DJ 04.05.2004). Não cabe mandado de segurança para impugnar despacho que acolheu ou indeferiu liminar em outro mandado de segurança.

Diante da EC n. 45/04, conforme já destacado, o Mandado de Segurança pode ser cabível em face de autoridade diversa da judiciária no primeiro grau de jurisdição.

Desse modo, não há, na lei processual trabalhista, recurso cabível para a decisão do Juiz do Trabalho de 1º grau que aprecia ou indefere a liminar no Mandado de Segurança, uma vez que se trata de decisão interlocutória. Portanto, cabível, no aspecto, novo mandado de segurança para impugnar a decisão que aprecia a liminar, não se aplicando a OJ n. 140 da SDI-II.

Nesse sentido, é a posição de Carlos Henrique Bezerra Leite,[1] que pensamos correta, *in verbis*:

---

(1) *Curso de direito processual do trabalho*. 7. ed. São Paulo: LTr, 2009. p. 1019.

(...) por força da EC n. 45/04, o Juiz da Vara do Trabalho também passou a ser competente para processar e julgar mandado de segurança, mormente se este tiver por objeto atacar decisão dos órgãos de fiscalização do trabalho (CF, art. 114, VII). Neste caso, da decisão do Juiz de primeira instância que deferir ou indeferir liminar em mandado de segurança, por ser tipicamente interlocutória e não desafiar nenhum recurso, afigura-se-nos cabível, em tese, o mandado de segurança para atacá-la.

4. Ação Rescisória em Dissídio em Sentenças Normativas

TRT 15ª REGIÃO — 2010

Qual a possibilidade de ação rescisória em sentenças normativas proferidas em Dissídios Coletivos?

Tem o nome de sentença normativa a decisão dada no dissídio coletivo acolhendo ou rejeitando as cláusulas postuladas no dissídio coletivo de natureza econômica ou interpretando e aplicando o direito já existente no dissídio coletivo de natureza jurídica.

Diverge a doutrina sobre a natureza jurídica da sentença normativa. Quanto ao dissídio coletivo de natureza jurídica, não há controvérsia sobre a natureza declaratória da sentença normativa. Quanto à sentença que aprecia o dissídio de natureza econômica, há divergências na doutrina. Para alguns, ela é constitutiva por criar direito novo; para outros, é dispositiva, pois a Justiça do Trabalho criará, no branco da lei, direito novo, sendo certo que sentença constitutiva apenas cria uma relação jurídica e não direito ainda não existente.

Mesmo apreciando cláusulas econômicas, a jurisprudência, acertadamente, tem exigido que a sentença seja fundamentada, atendendo ao mandamento constitucional previsto no art. 93, IX, da CF.

É da essência da sentença normativa ser provisória e precária, pois, conforme reiteradamente vem decidindo o STF, o poder normativo da Justiça do Trabalho atua no branco da lei. Porém, editada a lei, norma de caráter imperativo, esta se sobrepõe a todas as demais fontes secundárias do direito, como a norma coletiva e a sentença normativa.

Mostra-se discutível a seguinte questão: a sentença normativa faz coisa julgada material?

Respondendo afirmativamente a esta questão, temos a respeitável doutrina de Carlos Henrique Bezerra Leite:

Para nós, a sentença normativa faz coisa julgada material (e, logicamente, formal), pois o art. 2º, I, *c* da Lei n. 7.701/88 dispõe expressamente que compete, originariamente, à sessão especializada em dissídios coletivos julgar as ações rescisórias propostas contra suas próprias sentenças normativas', cabendo-lhe, nos termos do inciso II, alínea *b*, do referido artigo, julgar em última instância, "os recursos ordinários interpostos contra as decisões proferidas pelos Tribunais Regionais do Trabalho em ações rescisórias e mandados de segurança pertinentes a dissídios coletivos". Ora, se cabe ação rescisória contra sentença normativa, então ela está apta a produzir coisa julgada material (CPC, art. 269).

No mesmo sentido é a posição de Raimundo Simão de Melo,[1] defendendo a formação de coisa julgada material nos dissídios coletivos com os seguintes argumentos:

> a) Primeiro, porque o cumprimento antes do trânsito em julgado é uma faculdade decorrente da peculiaridade da criação de normas para solucionar conflitos coletivos de trabalho; b) segundo, porque a revisão de que trata o art. 873 da CLT tem fundamentos restritos à alteração das circunstâncias do momento da sua criação, o que é diferente das hipóteses previstas no art. 485 do CPC, para o corte rescisório; c) terceiro, porque o fato de não permitir execução é despiciendo, pois não se trata de sentença condenatória, mas, constitutiva-dispositiva, permitindo o seu cumprimento por meio de uma ação de cumprimento; d) quatro, porque a vigência temporária de até 4 anos não impede a formação da coisa julgada material dentro e fora desse prazo, sendo certo que há normas coletivas que produzem seus efeitos fora do seu prazo de vigência (OJ n. 41 da SDI-I/TST); e) quinto, porque o art. 872, parágrafo único da CLT, veda que na ação de cumprimento da sentença normativa sejam discutidas questões de fato e de direito já decididas na sentença normativa; f) sexto, porque a lei assegura esse feito e permite o seu corte por meio de ação rescisória (Lei n. 7.701/1998, art. 2º, I, *c*).

A doutrina majoritária à qual nos filiamos tem se posicionado no sentido de que a sentença normativa não faz coisa julgada material, somente formal, referente ao esgotamento das vias recursais existentes. Como bem adverte Ives Gandra Martins Filho, "a coisa julgada material, no caso da sentença normativa, fica jungida às vantagens já recebidas pelo empregado durante sua vigência, não, porém, em relação às parcelas que poderia vir a perceber durante o prazo total de sua vigência. O art. 6º, § 3º, da Lei n. 4.725/65, vai ainda mais longe em relação a tais pagamentos já efetuados pelo empregador com base em sentença normativa regional, quando impede a repetição do indébito se houver reforma da decisão pelo TST".

Nesse sentido dispõe a Súmula n. 397 do C. TST, *in verbis*:

> AÇÃO RESCISÓRIA. ART. 485, IV, DO CPC. AÇÃO DE CUMPRIMENTO. OFENSA À COISA JULGADA EMANADA DE SENTENÇA NORMATIVA MODIFICADA EM GRAU DE RECURSO.

---

(1) *Processo coletivo do trabalho*. São Paulo: LTr, 2009. p. 162-163.

INVIABILIDADE. CABIMENTO DE MANDADO DE SEGURANÇA. (conversão da Orientação Jurisprudencial n. 116 da SDI-2) Não procede ação rescisória calcada em ofensa à coisa julgada perpetrada por decisão proferida em ação de cumprimento, em face de a sentença normativa, na qual se louvava, ter sido modificada em grau de recurso, porque em dissídio coletivo somente se consubstancia coisa julgada formal. Assim, os meios processuais aptos a atacarem a execução da cláusula reformada são a exceção de pré-executividade e o mandado de segurança, no caso de descumprimento do art. 572 do CPC. (ex-OJ n. 116 — DJ 11.8.03) (Res. n. 137/2005 — DJ 22.8.2005)

Diante do exposto, no nosso sentir, a sentença normativa não faz coisa julgada material e, portanto, não pode ser objeto de ação rescisória e sim de revisão, caso as condições de trabalho sejam alteradas.

De outro lado, para os que pensam ser cabível a Ação Rescisória para questionar a sentença normativa, ela poderia ser cabível em tese nas seguintes situações, previstas no art. 485 do CPC, quais sejam: se verificar que foi dada por prevaricação, concussão ou corrupção do juiz; proferida por juiz impedido ou absolutamente incompetente; resultar de dolo da parte vencedora em detrimento da parte vencida, ou de colusão entre as partes, a fim de fraudar a lei; se fundar em prova, cuja falsidade tenha sido apurada em processo criminal ou seja provada na própria ação rescisória; houver fundamento para invalidar confissão, desistência ou transação, em que se baseou a sentença.

O Tribunal Superior do Trabalho firmou entendimento no sentido de ser possível ação rescisória em face de sentença normativa, quando se tratar de documento novo. Nesse sentido dispõe a Súmula n. 402 de sua jurisprudência, *in verbis*:

AÇÃO RESCISÓRIA. DOCUMENTO NOVO. DISSÍDIO COLETIVO. SENTENÇA NORMATIVA (conversão da Orientação Jurisprudencial n. 20 da SBDI-2) — Res. 137/2005, DJ 22, 23 e 24.08.2005

Documento novo é o cronologicamente velho, já existente ao tempo da decisão rescindenda, mas ignorado pelo interessado ou de impossível utilização, à época, no processo. Não é documento novo apto a viabilizar a desconstituição de julgado: a) sentença normativa proferida ou transitada em julgado posteriormente à sentença rescindenda; b) sentença normativa preexistente à sentença rescindenda, mas não exibida no processo principal, em virtude de negligência da parte, quando podia e deveria louvar-se de documento já existente e não ignorado quando emitida a decisão rescindenda. (ex-OJ n. 20 da SBDI-2 — inserida em 20.09.2000)

5. FORMAÇÃO DE COISA JULGADA MATERIAL EM FACE DE PEDIDO JURIDICAMENTE IMPOSSÍVEL

TRT 14ª REGIÃO — 2009

Havendo vedação expressa do ordenamento jurídico, mas acolhido o pedido, a sentença transita em julgado, ou não? Justifique.

Em razão de ser escopo da jurisdição solucionar o conflito de forma definitiva, dizendo o direito diante de um caso concreto, ganha destaque o instituto da coisa julgada que busca tornar imutável a decisão, a fim de que seu cumprimento possa ser imposto pelo Estado, dando a cada um o que é seu por direito.

Sem o efeito da coisa julgada, seria impossível o término da relação processual. Desse modo, segundo a doutrina, a coisa julgada é a preclusão máxima do processo, pois, quando atingida, a decisão se torna imutável.

Como destaca Moacyr Amaral Santos:[1]

> Enquanto sujeita a recurso e, pois, suscetível de reforma, a sentença, em princípio, não produz os seus efeitos regulares, principais ou secundários. É uma situação jurídica. Enquanto sujeita a recurso a sentença, não se atingiu ainda a finalidade do processo, que é a composição da lide, pelo julgamento final da *res in iudicium deducta*. E, assim, o Estado não satisfez nem ultimou a prestação jurisdicional, a que está obrigado. O Estado ainda não disse, pela boca do órgão jurisdicional, a palavra final, que traduzirá a vontade da lei na sua atuação à relação jurídica deduzida em juízo.

---

(1) *Primeiras linhas de direito processual civil*. Vol. 3. 16. ed. São Paulo: Saraiva, 1997, p. 42.

Diante da importância da coisa julgada, não só para as partes do processo como para a sociedade, a Constituição Federal, no art. 5º, XXXVI, disciplina a proteção da coisa julgada como direito fundamental, constituindo cláusula pétrea constitucional e também uma garantia da cidadania (art. 60, § 4º, da CF). Dispõe o referido dispositivo constitucional:

XXXVI — a lei não prejudicará o direito adquirido, o ato jurídico perfeito e a coisa julgada.

Nesse sentido destacamos a seguinte ementa:

Coisa julgada. A coisa julgada é a entrega final, pelo Judiciário, da tutela jurisdicional, solucionando as questões colocadas em discussão, da qual não existe mais recurso, tornando imutável a decisão judicialmente proferida. Logo, é característica imperiosa da coisa julgada a existência de uma sentença anterior, proferida em autos de ação idêntica, com as mesmas partes, objeto e causa de pedir, que extinguiu o processo com julgamento do mérito de que já não caiba recurso, impossibilitando, portanto, a teor do art. 5º, inciso XXXVI, da CF, a prolação de nova decisão. (TRT — 12ª R. — 3ª T. — ROV n. 1951/2005.029.12.00-5 — Ac. n. 13.386/06 — Relª Gisele P. Alexandrino — DJ 10.10.06 — p. 63) (RDT n. 11 — novembro de 2006)

Embora a proteção à coisa julgada tenha *status* constitucional, como bem adverte Vicente Greco Filho, o momento em que ocorre a coisa julgada e as condições de sua efetivação dependem da lei processual e da lei material.

Entende-se por coisa julgada o efeito ou a qualidade da sentença que se torna imutável, dentro da mesma relação jurídica processual em razão de já terem escoado os recursos, ou ainda que não esgotados todos os recursos, eles já não são possíveis em razão de a parte que pretendia a reforma da decisão não os ter interposto ou eles não terem sido recebidos.

Da definição que adotamos extraímos as seguintes características: a) a coisa julgada é o efeito da decisão; b) a coisa julgada torna imutável a decisão dentro da mesma relação jurídica processual. No prazo de dois anos, a sentença de mérito pode ser rescindida desde que presentes as hipóteses legais (art. 485 do CPC); c) não há necessidade de se esgotarem todos os recursos, basta que eles não sejam mais possíveis; d) havendo a coisa julgada material, os efeitos da coisa julgada se projetam para fora da relação jurídica processual, pois obrigam as partes ao que foi decidido na sentença. Caso haja apenas a coisa julgada formal, os efeitos da decisão somente produzirão efeitos dentro da relação jurídica processual, pois a decisão não poderá mais ser objeto de recursos.

Dispõe o art. 467 do CPC: "Denomina-se coisa julgada material a eficácia, que torna imutável e indiscutível a sentença, não mais sujeita a recurso ordinário ou extraordinário".

O referido dispositivo consagra o que a doutrina denomina de coisa julgada material, qualidade apenas verificada nos provimentos de mérito.

Coisa julgada material *é a eficácia da decisão que projeta efeitos fora da relação jurídica processual, pois aprecia o mérito da causa, acolhendo ou rejeitando o pedido ou pedidos de forma definitiva, uma vez que não pode mais ser alterada mediante recurso, dentro da mesma relação jurídica processual.*

Ensina Moacyr Amaral Santos,[2] referindo-se à coisa julgada material: "o comando emergente da sentença, como ato imperativo do Estado, torna-se definitivo, inatacável, imutável, não podendo ser desconhecido fora do processo. E aí se tem o que se chama coisa julgada material, ou coisa julgada substancial, que consiste no fenômeno pelo qual a imperatividade do comando emergente da sentença adquire força de lei entre as partes".

De outro lado, embora a lei não defina, a coisa julgada formal é a impossibilidade de alteração da decisão, por já esgotados todos os recursos, ou eles não serem mais possíveis. Na verdade, a coisa julgada formal é uma mera preclusão, atinente a não mais ser possível a recorribilidade da sentença dentro da mesma relação jurídica processual.

Toda sentença adquirirá a qualidade da coisa julgada formal (seja terminativa ou definitiva), pois chegará o momento em que ela não possa mais ser recorrível; entretanto, somente adquirirá a qualidade de coisa julgada material as sentenças de mérito, pois serão imutáveis.

Por isso se diz que a coisa julgada material traz consigo a coisa julgada formal, uma vez que somente haverá a qualidade da coisa julgada material se antes houver a coisa julgada formal.

A Consolidação das Leis do Trabalho tem um único artigo que se refere à coisa julgada, porém sem defini-la. Dispõe o art. 836:

> É vedado aos órgãos da Justiça do Trabalho conhecer de questões já decididas, excetuados os casos expressamente previstos neste Título e a ação rescisória, que será admitida na forma do disposto no Capítulo IV do Título IX da Lei n. 5.869, de 11 de janeiro de 1973 — Código de Processo Civil, sujeita ao depósito prévio de 20% (vinte por cento) do valor da causa, salvo prova de miserabilidade jurídica do autor. (Redação dada pela Lei n. 11.495/07).

Quanto aos efeitos e consequências da coisa julgada, restam aplicáveis ao Processo do Trabalho as disposições dos arts. 467 a 475 do CPC, em razão de omissão da CLT e compatibilidade com os princípios que regem o Processo do Trabalho (art. 769 da CLT).

Segundo Liebman, se a ação se refere a uma situação determinada e individualizada, deve o direito de agir estar condicionado a alguns requisitos que precisam ser examinados, como preliminares do julgamento da pretensão.

---

(2) *Op. cit.*, p. 43.

Para Chiovenda, as condições da ação são necessárias para se obter um pronunciamento favorável.

No nosso sentir, as condições da ação são requisitos que deve conter a ação para que o Juiz possa proferir uma decisão de mérito, julgando a pretensão trazida a juízo.

Na primeira teoria de Liebman as condições da ação são: legitimidade, interesse e possibilidade jurídica.

Posteriormente, Liebman alterou sua teoria quanto às condições da ação, para reduzi-la a duas, quais sejam: o interesse de agir e a legitimação, retirando a possibilidade jurídica do pedido como integrante das condições da ação. A possibilidade jurídica do pedido, segundo ele, integra o interesse processual, pois se o pedido é juridicamente impossível, a parte não tem interesse processual em obtê-lo judicialmente.

O Código de Processo Civil brasileiro adotou a primeira teoria de Liebman quanto às condições da ação. Desse modo, no Direito Processual Civil brasileiro, as condições da ação são: legitimidade, interesse de agir e possibilidade jurídica do pedido.

Nesse sentido dispõe o art. 267, VI, do CPC:

> Art. 267. Extingue-se o processo, sem resolução de mérito:
>
> (...) VI — quando não concorrer qualquer das condições da ação, como possibilidade jurídica do pedido, a legitimidade das partes e o interesse processual.

A moderna doutrina, acertadamente, tem alterado a visão do exame das condições da ação, de requisitos necessários para a admissibilidade da ação, para constituir requisitos de provimento final.

Conforme nos traz a doutrina, o pedido é juridicamente possível quando, em tese, é tutelado pelo ordenamento jurídico, não havendo vedação para que o judiciário aprecie a pretensão posta em juízo.

Na hipótese da questão proposta, mesmo que a tenha acolhido pedido juridicamente possível, há o trânsito em julgado da decisão, tanto no aspecto formal como material. Ainda que se possa argumentar que há eventual nulidade da decisão ou violação literal de lei, o sistema constitucional reconhece a validade da coisa julgada como direito fundamental (art. 5º, XXXVI, da CF).

Para corrigir o vício da sentença é possível a propositura de ação rescisória (art. 485 do CPC), ou até mesmo a ação de *querella nulitatis*.

6. Competência Material da Justiça do Trabalho Diante da EC n. 45/04. Processos em Curso

TRT 14ª REGIÃO — 2009

Em junho de 2004, empregado em empresa terceirizada deduziu em juízo pretensão de danos materiais e morais em face de empresa tomadora de serviços, sob alegação de que teria sido caluniado pela ré ao facilitar furto nas dependências desta empresa. Onde deveria ter sido aforado o feito? Caso a demanda houvesse sido deduzida na Justiça Comum e ainda hoje estivesse pendente de julgamento, qual a consequência relativamente à tramitação? Justifique.

A demanda trabalhista, na hipótese da questão, fora proposta antes da EC n. 45/04.

Antes da EC n. 45/04, dizia o art. 114 da CF:

> Art. 114. Compete à Justiça do Trabalho conciliar e julgar os dissídios individuais e coletivos entre trabalhadores e empregadores, abrangidos os entes de direito público externo e da Administração Pública direta e indireta dos Municípios, do Distrito Federal, dos Estados e da União, e, na forma da lei, outras controvérsias decorrentes da relação de trabalho, bem como os litígios que tenham origem no cumprimento de suas próprias sentenças, inclusive coletivas.

Já na antiga redação do art. 114 da CF a jurisprudência trabalhista havia fixado entendimento no sentido de ser a Justiça do Trabalho competente para dirimir controvérsias sobre a reparação do dano moral decorrente da relação de trabalho.

Nesse sentido, a OJ n. 327 da SDI-I do C. TST assim redigida:

> *Dano moral. Competência da Justiça do Trabalho.* Nos termos do art. 114 da CF/88, a Justiça do Trabalho é competente para dirimir controvérsias referentes à indenização por dano moral, quando decorrentes da relação de trabalho.

Sob esse enfoque também já havia se pronunciado o E. STF, consoante voto da lavra do Ministro Sepúlveda Pertence, que segue:

> Justiça do Trabalho. Competência. Ação de reparação de danos decorrentes da imputação caluniosa irrogada ao trabalhador pelo empregador a pretexto de justa causa para a despedida e, assim, decorrentes da relação de trabalho, não importando deva a controvérsia ser dirimida à luz do Direito Civil (RE n. 238.737-SP) julg. 17.11.98.

Atualmente, há previsão expressa no art. 114, VI, da CF sobre a competência da Justiça do Trabalho para as ações de reparação por danos morais decorrentes da relação de trabalho. Diz o referido dispositivo legal:

> Art. 114. Compete à Justiça do Trabalho processar e julgar: (...) VI — as ações de indenização por dano moral ou patrimonial, decorrentes da relação de trabalho.

Desse modo, o feito deveria ter sido aforado na Justiça do Trabalho, à luz do vigente art. 114 da CF, antes da EC n. 45/04.

Constituem princípios da aplicação da Lei Processual: irretroatividade da lei; vigência imediata da lei aos processos em curso; impossibilidade de renovação das fases processuais já ultrapassadas pela preclusão (também chamada pela doutrina de teoria do isolamento dos atos processuais já praticados).

Se o processo tivesse sido proposto na Justiça Estadual antes da EC n. 45/04 e pendente de julgamento, a questão da competência seria polêmica.

No nosso entendimento, quanto aos processos nas Justiças Federal e Estadual que estavam em curso quando da entrada em vigor da Emenda Constitucional n. 45/04, em que pese a opinião de alguns doutrinadores e parte da jurisprudência, eles devem ser remetidos imediatamente à Justiça do Trabalho, pois, uma vez cessada a competência material, o juiz não pode mais atuar no processo, porque falta um pressuposto processual de validade da relação jurídica processual, que é a competência material.

Como destacou Estêvão Mallet: "(...) os autos dos processos em tramitação perante a Justiça Comum Estadual ou Federal, ao tempo da publicação da Emenda Constitucional n. 45, doravante de competência da Justiça do Trabalho, devem ser a esta última remetidos de imediato, independentemente da fase processual em que se encontrem. Se a sentença condenatória foi proferida pela Justiça Comum, na altura competente para julgamento da causa, deslocada a competência, à Justiça do Trabalho cabe a execução do respectivo pronunciamento, como já firmado, aliás, pela Súmula n. 10 do Superior Tribunal de Justiça. O disposto no art. 575, II do CPC não prevalece em caso de modificação de competência absoluta" (*Direito, trabalho e processo em transformação*. São Paulo: LTr, 2005. p. 188).

Nesse sentido, destacamos a seguinte ementa:

> COMPETÊNCIA DA JUSTIÇA DO TRABALHO. ALTERAÇÃO. VIGÊNCIA DA EC N. 45/04. NULIDADE DE DECISÃO PROFERIDA PELA JUSTIÇA COMUM. A Emenda Constitucional

n. 45, de 8.12.04, publicada em 31.12.04, alterou a redação do art. 114 da Constituição Federal de 1988, e definiu em seu inciso III, que compete à Justiça do Trabalho processar e julgar as ações de indenização por dano moral ou patrimonial, decorrentes da relação de trabalho. Nos termos do art. 87 do CPC, a competência é determinada no momento da propositura da ação, salvo quando houver alteração de competência em razão da matéria ou da hierarquia, bem como no caso de supressão do correspondente órgão judiciário. A ampliação de competência é inequívoca, e a norma constitucional tem aplicação e eficácia imediatas. O novo texto constitucional, portanto, alcança de imediato os processos em andamento. A partir da alteração constitucional, a ação deveria ter prosseguido perante o juízo instituído pela lei nova, no caso, a Justiça do Trabalho. A r. sentença proferida na Justiça Comum em maio/2005 está eivada de nulidade, porquanto proferida por juiz incompetente, por expressa previsão constitucional. (TRT/SP — 00066200637302007 — RO — Ac. 4ª T. — 20060979520 — Rel. Sergio Winnik — DOE 12.12.2006).

Não se aplica à hipótese o princípio da *perpetuatio jurisdiccionis*, previsto no art. 87 do CPC, pois neste próprio artigo há exceção quanto à competência em razão da matéria.

Além disso, as regras de competência previstas na Constituição Federal têm aplicação imediata, pois não houve qualquer ressalva, por parte da Emenda n. 45/04, quanto aos processos em curso.

Mesmo os processos com recurso pendente de julgamento e em fase de execução, com o trânsito em julgado da decisão, devem ser encaminhados à Justiça do Trabalho, não se aplicando à hipótese o art. 575, II, do CPC, pois o referido dispositivo somente disciplina a competência funcional para o processo de execução.

Não obstante os argumentos acima mencionados, o Colendo STJ sumulou a matéria em sentido contrário, entendendo que se o processo já foi sentenciado, mesmo havendo alteração da competência em razão da matéria, ele deve ser executado no juízo que prolatou a sentença, conforme se constata da redação da Súmula n. 367 da sua jurisprudência, abaixo transcrita:

EMENDA CONSTITUCIONAL N. 45/2004 — COMPETÊNCIA — PROCESSOS JÁ SENTENCIADOS — NÃO ALCANCE. A competência estabelecida pela EC n. 45/04 não alcança os processo já sentenciados (DJe 26.11.08).

No mesmo sentido vem se pronunciando a jurisprudência, conforme as ementas:

AÇÃO DE EXECUÇÃO FISCAL. MULTA ADMINISTRATIVA. JULGAMENTO PELA JUSTIÇA FEDERAL ANTES DO ADVENTO DA EMENDA CONSTITUCIONAL N. 45/2004. A ALTERAÇÃO SUPERVENIENTE DA COMPETÊNCIA, AINDA QUE DETERMINADA POR NORMA CONSTITUCIONAL, NÃO INVALIDA A SENTENÇA ANTERIORMENTE PROFERIDA. MANTÉM-SE A COMPETÊNCIA DA JUSTIÇA FEDERALPARA JULGAR O APELO. A r. sentença de primeiro grau, prolatada pelo Juízo da 6ª Vara Especializada de Execuções Fiscais da Justiça Federal, julgou o feito acatando a legalidade da multa impetrada, proferindo julgamento de mérito, quando vigorava previsão constitucional da competência da Justiça Federal. Na esteira da inteligência do Egrégio Supremo Tribunal Federal, a competência não é desta Justiça Especializada; fica mantida a competência Justiça Federal para julgamento do recurso. SUSCITADO CONFLITO NEGATIVO DE COMPETÊNCIA, com determinação de remessa dos autos ao Egrégio Superior Tribunal de Justiça para julgamento do conflito. (TRT/SP — 00509200609002000 — RO — Ac. 10ª T. 20090206970 — Rel. Marta Casadei Momezzo — DOE 07.04.09).

COMPETÊNCIA EM RAZÃO DA MATÉRIA ALTERADA PELA EMENDA CONSTITUCIONAL 45/04. As ações que tramitavam tanto na Justiça Estadual como na Justiça Federal com sentença de mérito anterior à promulgação da Emenda Constitucional 45/04 lá continuam até o trânsito em julgado e correspondente execução. Aplicação analógica do entendimento do Supremo Tribunal Federal, segundo o qual o princípio da segurança jurídica admite seja atribuída eficácia prospectiva às suas decisões, com a delimitação precisa dos respectivos efeitos, toda vez que proceder a revisões de jurisprudência definidora de competência em razão da matéria. (TRT/SP — 03336200608302004 — RO — Ac. 5ª T. 20090412308 — Rel. José Ruffolo — DOE 19.06.09).

O Supremo Tribunal Federal, recentemente, pacificou a questão, por meio da Súmula Vinculante n. 22, *in verbis*:

A Justiça do Trabalho é competente para processar e julgar as ações de indenização por dano morais e patrimoniais decorrentes de acidente de trabalho propostas por empregado contra empregador, inclusive aquelas que ainda não possuíam sentença de mérito em primeiro grau quando da promulgação da Emenda Constitucional n. 45/04.

7. Competência Material da Justiça do Trabalho para Interdito Proibitório Formulado por Empresa Pública em Face do Movimento Grevista

TRT 14ª REGIÃO — 2009

Determinada empresa pública federal, sob alegação de ameaça à posse de seus bens, pretende ingressar com interdito proibitório e pedido de liminar, objetivando evitar que funcionários grevistas e usuários dos serviços causem "violentos piquetes", "agressões físicas e morais", "obstrução de pessoas", "depredação de veículos e bens". Qual justiça é competente para apreciar e julgar o feito? Justifique e fundamente.

A greve guarda raízes com o próprio surgimento do Direito do Trabalho, pois foi por meio da coalizão da classe trabalhadora que começaram a surgir as primeiras normas de proteção ao trabalho humano. Já foi considerada um delito. Foi somente em 1825, na Inglaterra, e em 1864, na França, que as coalizações de trabalhadores por melhores condições de trabalho deixaram de ser consideradas crime, embora a greve propriamente dita ainda continuasse como um delito.

A Constituição Federal de 1946, no art. 158, reconheceu o direito de greve, a ser regulado por lei. Atualmente, o art. 9º da CF de 1988 assegura o direito de greve como sendo um direito social da classe trabalhadora.

Embora seja um direito social, e também um direito fundamental da classe trabalhadora, não se trata de um direito ilimitado, porquanto o § 2º do art. 9º da CF assevera que os abusos sujeitam os responsáveis às penas da lei.

A greve não é propriamente um meio de solução dos conflitos coletivos de trabalho, mas uma forma de pressionar o empregador a negociar, ou até mesmo levar o conflito à Justiça do Trabalho (Lei n. 7.783/85 e art. 114, § 3º, da CF).

Inegavelmente, o exercício do direito de greve tem reflexos em toda a sociedade, e muitas vezes é nefasto ao empregador, mas é um importante instrumento de pressão da classe trabalhadora.

A Justiça do Trabalho, tradicionalmente, apreciava os conflitos de greve envolvendo direitos das classes trabalhadora e patronal, no chamado *dissídio coletivo de greve*, seja apreciando a abusividade do movimento e garantia de funcionamento das atividades essenciais, seja apreciando as cláusulas econômicas. Não apreciava a Justiça Especializada as controvérsias periféricas que envolvem a greve, como as ações possessórias e as ações indenizatórias em razão do movimento grevista, envolvendo as próprias partes que participam do movimento, bem como direitos de terceiros.

Atualmente diz o art. 114, II, da CF, com a redação dada pela EC n. 45/04, competir à Justiça do Trabalho processar e julgar as ações *que envolvam exercício do direito de greve.*

Envolver o exercício do direito de greve significa algo bem mais amplo do que as controvérsias oriundas e decorrentes da relação de trabalho, uma vez que a greve é mais que um direito trabalhista, é um direito social.

No nosso sentir, diante da EC n. 45/04, a Justiça do Trabalho detém competência material para todas as ações que sejam relacionadas, quer direta, quer indiretamente, ao exercício do direito de greve. Portanto, tanto as ações prévias (inibitórias) para assegurar o exercício do direito de greve para a classe trabalhadora, como as ações possessórias para defesa do patrimônio do empregador, como as ações para reparação de danos, tanto aos trabalhadores, como aos empregadores, e até danos causados aos terceiros são da competência da Justiça do Trabalho.

Houve muitas discussões, tanto na doutrina como na jurisprudência, sobre a regulamentação da greve dos servidores públicos. Atualmente, o Direito está regulamentado pelo STF, que o realizou por meio de Mandado de Injunção.

Estando o direito de greve do servidor público regulamentado, questiona-se: tem a Justiça do Trabalho competência para apreciar greve dos servidores públicos estatutários?

O E. STF suspendeu a vigência do inciso I do art. 114 da CF com relação à competência da Justiça do Trabalho para apreciar as relações de trabalho de natureza estatutária envolvendo a União, os Estados, o Distrito Federal e os Municípios.

Considerando-se que a Justiça do Trabalho, por força de decisão do Supremo Tribunal Federal, não tem competência para apreciar as controvérsias envolvendo servidor público estatutário e Estado, a Justiça do Trabalho não seria competente para apreciar a greve destes trabalhadores, uma vez que se o Judiciário trabalhista não pode apreciar as controvérsias oriundas da relação de trabalho do servidor estatutário, também não pode apreciar as greves, pois a greve também é uma controvérsia oriunda da relação de trabalho.

Sob outro enfoque, é possível justificar a competência da Justiça do Trabalho, pois o art. 114, II, da CF atribui competência à Justiça do Trabalho para as ações que envolvam o exercício do direito de greve, e o Direito de Greve é um direito social previsto no art. 9º da CF. O referido inciso II do art. 114 não faz qualquer distinção entre greve de servidores celetistas ou estatutários.

No nosso sentir, em que pese o respeito que merece a decisão do STF, conjugando-se o inciso I com o inciso II do art. 114 da CF, resta incontestável a competência da Justiça do Trabalho para apreciar todos os dissídios de greve, sejam entre servidores celetistas e Estado ou entre servidores estatutários e Estado. Além disso, o Direito de Greve, por ser um direito fundamental e social previsto no art. 9º da CF é autoaplicável para o servidor público, sendo certo que o art. 114, II, da CF, fixou de forma expressa e literal a competência da Justiça do Trabalho para as ações que envolvam o exercício do Direito de Greve, independentemente do regime jurídico que rege a relação de trabalho.

No entanto, diante da decisão do STF de excluir da Justiça do Trabalho a competência para as ações que decorrem da relação de trabalho envolvendo o servidor público estatuário, ficamos vencidos, mas não convencidos, pois se a Justiça do Trabalho não tem competência para apreciar as relações de trabalho envolvendo relações estatutárias, também não a terá para apreciar o dissídio de greve do servidor público estatutário.

Voltando à questão, a greve descrita fora de funcionários de uma empresa pública federal, que pode explorar ou não atividade econômica.

Dispõe o art. 173 da CF/88:

> Art. 173. Ressalvados os casos previstos nesta Constituição, a exploração direta de atividade econômica pelo Estado só será permitida quando necessária aos imperativos da segurança nacional ou a relevante interesse coletivo, conforme definidos em lei. § 1º A lei estabelecerá o estatuto jurídico da empresa pública, da sociedade de economia mista e de suas subsidiárias que explorem atividade econômica de produção ou comercialização de bens ou de prestação de serviços, dispondo sobre: (Redação dada pela Emenda Constitucional n. 19/98) I — sua função social e formas de fiscalização pelo Estado e pela sociedade; II — a sujeição ao regime jurídico próprio das empresas privadas, inclusive quanto aos direitos e obrigações civis, comerciais, trabalhistas e tributários; III — licitação e contratação de obras, serviços, compras e alienações, observados os princípios da administração pública; IV — a constituição e o funcionamento dos conselhos de administração e fiscal, com a participação de acionistas minoritários; V — os mandatos, a avaliação de desempenho e a responsabilidade dos administradores. § 2º As empresas públicas e as sociedades de economia mista não poderão gozar de privilégios fiscais não extensivos às do setor privado. § 3º A lei regulamentará as relações da empresa pública com o Estado e a sociedade. § 4º A lei reprimirá o abuso do poder econômico que vise à dominação dos mercados, à eliminação da concorrência e ao aumento arbitrário dos lucros. § 5º A lei, sem prejuízo da responsabilidade individual dos dirigentes da pessoa jurídica, estabelecerá a responsabilidade desta, sujeitando-a às punições compatíveis com sua natureza, nos atos praticados contra a ordem econômica e financeira e contra a economia popular.

Conforme a redação do citado dispositivo legal, as empresas públicas se sujeitarão ao regime das empresas privadas, inclusive nas relações trabalhistas, se explorarem atividade econômica. Nesta situação, sendo o regime do contrato de trabalho de seus funcionários o da CLT, a Justiça do Trabalho terá competência para julgar o dissídio de greve desses funcionários por força de interpretação conjugada dos incisos I e II do art. 114 da CF.

Diante do exposto, concluímos que a Justiça do Trabalho não detém competência material para julgar dissídios de greve que envolvam servidores estatutários, permanecendo a competência para os servidores públicos, cujo regime é o celetista, como nas empresas públicas que explorem atividade econômica.

A greve, como sendo não só um fato trabalhista, mas social, pode abranger uma multiplicidade de controvérsias que envolvem terceiros, os quais não participam do movimento paredista, mas que têm direitos afetados em razão deste movimento.

Por exemplo, os vizinhos ou empresas vizinhas do local onde eclode o movimento paredista. O Poder Público pode ser afetado e também a população pode ser significativamente afetada com o movimento grevista nos serviços essenciais, como, por exemplo, a greve dos serviços de transportes.

No nosso sentir, tanto as ações coletivas como individuais que envolvem o exercício do direito de greve são da competência da Justiça do Trabalho, sejam entre as partes diretamente envolvidas, sejam entre os que sofrem os efeitos do movimento grevista, mas não participam da greve.

A Justiça do Trabalho sempre conviveu com as questões possessórias que eram conexas a um contrato de emprego, como, por exemplo, a moradia cedida pelo empregador para o empregado caseiro, para melhor comodidade na prestação do trabalho, ou a residência concedida a um alto empregado para exercer sua função fora do seu domicílio. Uma vez cessado o vínculo de emprego, muitas vezes, diante da recusa do empregado em devolver a moradia, o empregador ingressa com reclamações trabalhistas ou reconvenções para a reintegração da posse.

Durante o movimento paredista são comuns as ações possessórias, sejam quando já há a efetiva turbação ou esbulho da posse ou as ações preventivas, como o interdito proibitório. Para apreciar tais ações, a Justiça do Trabalho sempre aplicou o Direito Civil e o Código de Processo Civil, por força dos arts. 8º e 769 da CLT.

No nosso sentir, mesmo as ações possessórias movidas por terceiros que não fazem parte do movimento paredista são agora da competência material da Justiça do Trabalho, pois são ações relacionadas ao exercício do direito de greve. Cumpre destacar que o inciso II não vincula as ações decorrentes da greve às controvérsias oriundas da relação de trabalho. Vale dizer, não restringe a competência para as ações movidas pelas partes que estão envolvidas na greve.

Os interditos proibitórios propostos em razão da greve, embora não tenha sido esta a posição do C. STJ, também são da competência material da Justiça do Trabalho.

Nesse sentido, cumpre destacar a seguinte ementa:

INTERDITO PROIBITÓRIO — JUSTIÇA DO TRABALHO — COMPETÊNCIA — Ainda que não sufragada pela Justiça Comum, é de se ressaltar que o E. STF tem entendimento, unânime, no sentido de ser da competência desta Justiça Especializada a análise e o julgamento do interdito possessório originado de uma questão afeta à relação de emprego. Precedente. INTERDITO PROIBITÓRIO — AJUIZAMENTO — IMINÊNCIA DE GREVE — POSSIBILIDADE — O interdito proibitório, como disposto no art. 932 do Código Processual Civil, é a proteção possessória adequada, de forma essencial, para as hipóteses de ameaça de turbação ou esbulho da posse de quem detém determinado bem, na condição de possuidor direito ou indireto, desde que presente o justo receio da concretização da ameaça. A ação em comento pode ser ajuizada nesta Justiça Especializada em face de uma greve ou da sua ameaça. Se por um lado o art. 9º da Magna Carta assegura direito de *greve*, por outro assegura a inviolabilidade da *propriedade* (art. 5º, *caput*), aqui utilizada no seu sentido amplo, incluindo a posse. Estando tais direitos, constitucionalmente garantidos, em choque, deverá o aplicador do direito, através de técnicas integrativas, levá-los a um patamar comum, lhes garantido a coexistência. Assim, a ação sob enfoque e no âmbito de uma greve ou da ameaça de sua realização terá como objetivo garantir ao seu autor a resguarda da sua posse sobre determinado bem, coibindo-se qualquer excesso provocado pelo movimento paredista. Destarte, o procedimento escolhido pela empresa, em tese, atende à natureza da causa ainda que conexo a um estado de greve, devendo esta Justiça Especializada passar para a análise dos seus pressupostos processuais, das condições da ação e, se possível, do seu mérito. Não estando a questão fundada em matéria exclusivamente de direito (art. 515, § 3º, da CLT), é de rigor determinar a remessa dos autos à instância originária para a continuidade no seu julgamento. Prejudicada, com isso, a apreciação das demais matérias recorridas. Recurso provido. (TRT — 15ª R. (Campinas/SP) RO 1450-2006-014-15-00-4 — (AC 140/08 — PADC, SDC). — Rel. Flávio Nunes Campos — DOE 27.6.08, p. 06. In: Irany Ferrari e Melchíades Rodrigues Martins. *Suplemento de Jurisprudência* n. 35/08. São Paulo: LTr, 2008).

Nesse sentido, dispõe a Súmula Vinculante n. 23 do Supremo Tribunal Federal, *in verbis*:

A Justiça do Trabalho é competente para processar e julgar ação possessória ajuizada em decorrência do exercício do direito de greve pelos trabalhadores da iniciativa privada.

Diante do exposto, se os funcionários da empresa pública federal tiverem seus contratos de trabalho regidos pela CLT, a Justiça do Trabalho terá competência para apreciar o interdito proibitório.

8. Litisconsórcio

TRT 24ª REGIÃO — 2008

Conceitue, estabelecendo as diferenças entrelitisconsórcio simples, unitário, necessário, facultativo, eventual e alternativo.

O litisconsórcio consiste na autorização legal para que mais de uma pessoa figure no polo ativo, no polo passivo ou em ambos os polos da relação jurídica processual. Desse modo, teremos nos polos ativo, passivo ou nos dois mais de um autor ou mais de um réu.

No processo civil, vigora o princípio da singularidade das partes, vale dizer: somente podem postular em juízo um autor e um réu. Somente quando a lei autorizar, mais de uma parte poderá litigar nos polos ativo, passivo ou em ambos.

Segundo a doutrina, o litisconsórcio se subdivide:

a) quanto à formação:

1. Inicial: quando ele está formado já na propositura da ação;

2. Ulterior: se forma quando já instaurado processo. Por exemplo, quando há intervenção de terceiros espontânea ou provocada;

b) quanto à obrigatoriedade:

1. Facultativo: quando a formação do litisconsórcio se dá por opção das partes.

O litisconsórcio facultativo está disciplinado no art. 46 do CPC, *in verbis*:

Art. 46. Duas ou mais pessoas podem litigar, no mesmo processo, em conjunto, ativa ou passivamente, quando: I — entre elas houver comunhão de direitos ou de obrigações relativamente à lide; II — os direitos ou as obrigações derivarem do mesmo fundamento de fato ou de direito; III — entre as causas houver conexão pelo objeto ou pela causa de pedir; IV — ocorrer afinidade de questões por um ponto comum de fato ou de direito. Parágrafo único. O juiz poderá liminar o litisconsórcio facultativo quanto ao número de litigantes, quando este comprometer a rápida solução do litígio ou dificultar a defesa. O pedido de limitação interrompe o prazo para a resposta, que recomeça da intimação da decisão. (acrescentado pela Lei n. 8.952/94)

No que tange ao inciso I, conforme Vicente Greco Filho, há comunhão de direitos ou de obrigações quando duas ou mais pessoas possuem o mesmo bem jurídico ou têm o devedor da mesma prestação.

O inciso II do art. 46 se reporta aos direitos que têm suporte no mesmo fundamento de fato ou de direito, vale dizer: têm suporte na mesma causa de pedir. Por exemplo: dois trabalhadores postulando diferenças salariais que encontram fundamento na mesma cláusula de norma coletiva.

Quanto ao inciso III, há conexão quando duas causas apresentarem o mesmo pedido ou causa de pedir (art. 103 do CPC).

Com relação ao inciso IV, conforme Vicente Greco Filho, é o mais amplo e que, na verdade, engloba todos os demais: basta para o litígio consorciado a afinidade de questões por um ponto comum de fato ou de direito. O dispositivo justifica-se porque a identidade de um ponto de fato ou de direito pode levar a uma prova única ou uma solução análoga para casos semelhantes, com economia processual e prevenção do perigo de decisões logicamente conflitantes.

2. Necessário: quando a lei exige a presença de mais de um litigante no processo, compondo os polos ativo, passivo ou ambos, como condição de validade do processo.

Dispõe o art. 47 do CPC:

Art. 47. Há litisconsórcio necessário, quando, por disposição de lei ou pela natureza da relação jurídica, o juiz tiver de decidir a lide de modo uniforme para todas as partes; caso em que a eficácia da sentença dependerá da citação de todos os litisconsortes no processo.

Parágrafo único. O juiz ordenará ao autor que promova a citação de todos os litisconsortes necessários, dentro do prazo que assinar, sob pena de declarar extinto o processo.

O litisconsórcio necessário se justifica quando a lei exige, ou em razão da natureza da relação jurídica, ou dos efeitos da decisão que possa ter efeitos na esfera jurídica de terceiros, que eles figurem ou no polo ativo ou polo passivo do processo.

No Processo do Trabalho, não é frequente a exigência do litisconsórcio necessário. Como exemplo, podemos citar a Ação Anulatória de Normas Convencionais, em que devem figurar como litisconsortes necessários os sindicatos que firmaram o instrumento normativo coletivo; no mandado de segurança, deve figurar como litisconsorte necessário a parte a quem a concessão da ordem de segurança pode prejudicar.

Discute-se na doutrina como resolver o impasse se a lei exigir que mais de um litigante figure no polo ativo da relação jurídica processual como condição de validade do processo, uma vez que ninguém pode ser obrigado a litigar contra sua vontade. Nesta hipótese, têm entendido a doutrina e a jurisprudência que basta que o litisconsorte necessário que deve figurar no polo ativo seja citado para participar do processo para que o requisito da lei esteja suprido.

Dispõe o art. 47 do CPC que a decisão do litisconsórcio necessário deve ser unitária para ambos os litisconsortes. Portanto, a decisão deve ser única para todos os litisconsortes. Não obstante, em algumas hipóteses de litisconsórcio necessário, a decisão pode ser diversa para ambos os litisconsortes (ação de usucapião em que devem ser citados todos os vizinhos, mas a decisão não é uniforme para ambos), vale dizer: litisconsórcio simples. Como bem adverte Nélson Nery Júnior, "ao contrário do litisconsórcio necessário, cuja obrigatoriedade da formação pode decorrer da lei ou da relação jurídica, a unitariedade litisconsorcial somente existe em função da natureza da relação jurídica discutida em juízo". Desse modo, pode existir o litisconsórcio unitário facultativo, como na hipótese, por exemplo, de ação de declaração de nulidade de assembleia sindical que pode ser proposta por vários legitimados (sindicatos ou associados), mas a decisão de anulação será uniforme para todos. Por isso, concordamos com a frase da doutrina quando dispõe que: nem todo litisconsórcio necessário é unitário, mas o litisconsórcio facultativo pode ser unitário.

A jurisprudência tem sido rígida quanto à necessidade de intervenção do litisconsorte passivo necessário no Processo do Trabalho, conforme se constata pela redação das seguintes ementas:

> Ação rescisória — Litisconsórcio passivo necessário — Citação por edital. Tratando-se de litisconsorte passivo necessário, a negligência processual da parte quanto ao atendimento dos requisitos da citação por edital, consagrados no art. 232 do CPC, impede o regular fluxo do procedimento, tornando impositiva a extinção *in totum* do processo, sem exame do mérito, por aplicação dos arts. 47, parágrafo único, e 267, IV, ambos do CPC. (TRT 10ª R. — TP — AG n. 865/1996.000.10.40-7 — Rel. Douglas A. Rodrigues — DJDF 15.8.03 — p. 2) (RDT n. 9 — setembro de 2003)

> Litisconsórcio passivo necessário. Deve ser mantida a decisão de primeiro grau que julgou extinto o processo sem o julgamento do mérito, porquanto a autora não providenciou a integração à lide da listisconsorte passiva necessária, por ela indicada na própria petição inicial, inclusive com requerimento expresso para que a mesma fosse citada. Não se deve olvidar que a causa deve ser processada e decidida levando-se em consideração os termos em que é proposta. Recurso conhecido e não provido. As partes apeladas são da lavra da Exma. Juíza-relatora. (TRT 10ª R. — 2ª T. — AP n. 1355/1997.019.10.00-8 — Relª Heloísa P. Marques — DJDF 1º.8.03 — p. 22) (RDT n. 9 — setembro de 2003)

c) quanto aos polos:

1. Ativo: mais de um litigante no polo ativo;

2. Passivo: mas de um litigante no polo passivo;

3. Misto: mais de um litigante nos dois polos do processo.

d) quanto aos efeitos:

1. Simples: a decisão pode ser diferente para ambos os litisconsortes;

2. Unitário: decisão uniforme para ambos os liticonsortes.

A doutrina ainda disciplina o *litisconsórcio alternativo ou eventual*, que encontra suporte na interpretação extensiva do art. 289 do CPC, que assim dispõe:

> Art. 289. É lícito formular mais de um pedido em ordem sucessiva, a fim de que o juiz conheça do posterior, em não podendo acolher o anterior.

Sendo assim, o autor pode formular pedidos em face de dois ou mais réus, pedindo ao Juiz que, se não for possível condenar o primeiro, que condene o segundo e assim sucessivamente.

Como nos ensina Cândido Rangel Dinamarco:(1)

> "Tem-se o *cúmulo eventual,* quando uma ação é proposta para o evento de que outra seja rejeitada. O autor formula duas demandas, tendo preferência pela primeira mas pedindo ao juiz que conheça e escolha a segunda (que por isso mesmo se considera subsidiária) no caso de não poder a primeira ser atendida. No direito positivo brasileira há uma norma genérica sobre essa fórmula de cumulação. No direito positivo brasileiro há uma norma genérica sobre essa forma de cumulação (CPC, art. 289) e ao menos uma específica; admitindo que o cúmulo eventual seja feito de forma tal que, sendo julgada improcedente a ação quanto a um dos réus, passe a ser apreciada a pretensão do autor quanto ao outro litisconsorte passivo.

No mesmo sentido é a visão de Daniel Amorim Assumpção Neves(2):

> O instituto do litisconsórcio alternativo representa a possibilidade aberta ao autor para demandar duas ou mais pessoas quando tenha dúvidas fundadas a respeito de qual delas, efetivamente, deveria participar do polo passivo da demanda. Na verdade, a construção do instituto do litisconsórcio alternativo atinge também o polo ativo, quando exista dúvida fundada a respeito de quem seja o titular do direito a ser discutido no processo. O que caracteriza, fundamentalmente, o litisconsórcio alternativo é a definição a respeito do sujeito legitimado, seja no polo ativo, seja no polo passivo da demanda.

---

(1) *Litisconsórcio*. 8. ed. São Paulo: Malheiros, 2009. p. 459-460.

(2) *Manual de direito processual civil*. São Paulo: Método, 2009. p. 170.

9. DIREITOS METAINDIVIDUAIS. DISTINÇÕES. EFEITOS DA COISA JULGADA

TRT 9ª REGIÃO — 2005

Trace uma distinção entre direitos metaindividuais e direitos individuais homogêneos, tratando, necessariamente, dos efeitos da coisa julgada.

No âmbito trabalhista, as ações coletivas são muito peculiares, e, historicamente, influíram no próprio surgimento do Direito do Trabalho. São exemplos evidentes as greves e o direito de associação.

O acesso à justiça não pode ficar limitado à tutela do interesse individual, abrange, necessariamente, a tutela dos interesses coletivos, pertencentes ao grupo.

Vivemos, hoje, uma sociedade de massas, onde os conflitos se propagam em diversas regiões, e atingem muitas pessoas ao mesmo tempo. Isso se deve, em muito, ao próprio sistema capitalista e à propagação intensa da comunicação e informação. Inegavelmente, estamos na sociedade de informação, onde as pessoas parecem estar ligadas a uma rede comum.

Diante da multiplicidade de conflitos de origem comum ou que atingem um número indeterminado de pessoas, ou até mesmo um grupo determinado, há necessidade de se criar mecanismos para o acesso coletivo à justiça, como forma de garantir a efetividade dos direitos fundamentais.

O tutela dos direitos coletivos perante o Poder Judiciário representa, segundo Mauro Capelletti e Bryant Garth,[1] a segunda onda do acesso à justiça. Dizem os juristas:

> (...) O segundo grande movimento de esforço de melhorar o acesso à justiça enfrentou o problema da representação dos interesses difusos, assim chamados

(1) *Acesso à Justiça.* Traduação e Revisão de Ellen Gracie Northfleet. Porto Alegre: Sérgio Fabril Editor, 2002. p. 49.

> os interesses coletivos ou grupais, diversos daqueles dos pobres. Nos Estados Unidos, onde esse mais novo movimento de reforma é ainda provavelmente mais avançado, as modificações acompanharam o grande quinquênio de preocupações e providências na área da assistência jurídica (1965-1970). Centrando seu foco de preocupação especificamente nos interesses difusos, esta segunda onda de reformas forçou a reflexão sobre noções tradicionais muito básicas do processo civil e sobre o papel dos tribunais. Sem dúvida, uma verdadeira revolução está-se desenvolvendo dentro do processo civil (...) A concepção tradicional do processo civil não deixava espaço para a proteção dos interesses difusos. O processo era visto apenas como um assunto entre duas partes, que se destinava à solução de uma controvérsia entre essas mesmas partes a respeito de seus próprios interesses individuais. Direito que pertencessem a um grupo, ao público em geral ou a um segmento do público não se enquadravam bem nesse esquema. As regras determinantes da legitimidade, as normas de procedimento e a atuação dos juízes não eram destinadas a facilitar as demandas por interesses difusos intentadas por particulares (...). A proteção de tais interesses tornou necessária uma transformação do papel do juiz e de conceitos básicos como "citação" e o "direito de ser ouvido". Uma vez que nem todos os titulares de um direito difuso podem comparecer em juízo — por exemplo, todos os interessados na manutenção da qualidade do ar, numa determinada região —, é preciso que haja um "representante adequado" para agir em benefício da coletividade, mesmo que os membros dela não sejam "citados" individualmente. Da mesma forma, para ser efetiva, a decisão deve obrigar a todos os membros do grupo, ainda que nem todos tenham tido a oportunidade de ser ouvidos. Dessa maneira, outra noção tradicional, a de coisa julgada, precisa ser modificada, de modo a permitir a proteção judicial efetiva dos interesses difusos. A criação norte-americana da *class action*, abordada a seguir, permite que, em certas circunstâncias, uma ação vincule os membros ausentes de determinada classe, a despeito do fato de eles não terem tido qualquer informação prévia sobre o processo. Isso demonstra as dimensões supreendentes dessa mudança no processo civil. A visão individualista do devido processo judicial está cedendo lugar rapidamente, ou melhor, está fundindo com uma concepção social, coletiva.

Atualmente, diante na necessidade de se garantir o acesso à justiça, bem como de tutela dos direitos difusos, coletivos e individuais homogêneos, a moderna doutrina vem sustentando a existência do chamado *devido processo legal coletivo,* que disciplina o conjunto de regras para a tutela processual desses direitos.

Nesse sentido, destaca Raimundo Simão de Melo:[(2)]

> O processo, como não se pode negar, é um instrumento de aplicação do direito material violado, o qual, não cumprindo o seu papel, torna-se um

(2) *Ação civil pública na justiça do trabalho*. São Paulo. 3. ed. São Paulo: LTr, 2008. p. 42-43.

instrumento inútil e até odiado pelo jurisdicionado, que vê o seu direito tornar-se algo ineficaz. A solução, portanto, é a aplicação da jurisdição coletiva como corolário do princípio do devido processo legal no processo do trabalho, para se prevenir a defesa dos direitos metaindividuais e buscar coletivamente as reparações consequentes.

Há no Congresso Nacional, Anteprojeto do Código Brasileiro de Processos Coletivos, que sintetiza os princípios gerais do acesso coletivo à justiça em seu art. 2º, *in verbis*:

> Art. 2º. Princípios da tutela jurisdicional coletiva — São princípios da tutela jurisdicional coletiva: *a)* acesso à justiça e à ordem jurídica justa; *b)* universalidade da jurisdição; *c)* participação pelo processo e no processo; *d)* tutela coletiva adequada; *e)* boa-fé e cooperação das partes e de seus procuradores; *f)* cooperação dos órgãos públicos na produção da prova; *g)* economia processual; *h)* instrumentalidade das formas; *i)* ativismo judicial; *j)* flexibilização da técnica processual; *k)* dinâmica do ônus da prova; *l)* representatividade adequada; *m)* intervenção do Ministério Público em casos de relevante interesse social; *n)* não taxatividade da ação coletiva; *o)* ampla divulgação da demanda e dos atos processuais; *p)* indisponibilidade temperada da ação coletiva; *q)* continuidade da ação coletiva; *r)* obrigatoriedade do cumprimento e da execução da sentença; *s)* extensão subjetiva da coisa julgada, coisa julgada *secundum eventum litis e secundum probationem*; *t)* reparação dos danos materiais e morais; *u)* aplicação residual do Código de Processo Civil; *v)* proporcionalidade e razoabilidade.

O art. 81 da Lei n. 8.078/90, que é aplicável ao Processo do Trabalho (art. 769 da CLT), define, por meio de interpretação autêntica, os interesses transindividuais. Com efeito, aduz o referido dispositivo legal:

> Art. 81. A defesa dos interesses e direitos dos consumidores e das vítimas poderá ser exercida em juízo individualmente, ou a título coletivo. Parágrafo único. A defesa coletiva será exercida quando se tratar de: I — interesses ou direitos difusos, assim entendidos, para efeitos deste Código, os transindividuais, de natureza indivisível, de que sejam titulares pessoas indeterminadas e ligadas por circunstância de fato; II — interesses ou direitos coletivos, assim entendidos, para efeitos deste Código, os transindividuais de natureza indivisível, de que seja titular grupo, categoria ou classe de pessoas ligadas entre si ou com a parte contrária por uma relação jurídica base; III — interesses individuais homogêneos, assim entendidos os decorrentes de origem comum.

Os interesses difusos são transindividuais de natureza indivisível, cujos titulares são indeterminados e ligados entre si por uma situação fática.

Ensina Nélson Nery Júnior referindo-se[3] aos direitos difusos:

> "São direitos cujos titulares não se pode determinar. A ligação entre os titulares se dá por circunstâncias de fato. O objeto desses direitos é indivisível, não

(3) *Código Civil comentado*. 3. ed. São Paulo, RT, 2005. p. 1011.

pode ser cindido. É difuso, por exemplo: o direito de respirar ar puro; o direito do consumidor de ser alvo de publicidade não enganosa e não abusiva.

Como exemplos de interesses difusos na esfera trabalhista temos a greve em serviços essenciais que pode colocar em risco toda a população, o meio ambiente do trabalho, contratação de servidores públicos sem concurso, combate à discriminação no emprego etc.

Segundo Nélson Nery Júnior(4):

> Os direitos coletivos são, assim como os difusos, transindividuais e indivisíveis, mas seus titulares são grupo, classe ou categoria de pessoas ligadas entre si ou com a parte contrária por uma relação jurídica base (CDC, art. 81, parágrafo único, II). É coletivo, por exemplo, o direito dos alunos de determinada escola de ter assegurada a mesma qualidade de ensino em determinado curso. Os direitos individuais homogêneos são os direitos individuais, divisíveis, de que são titulares pessoas determinadas, mas que podem ser defendidos coletivamente em juízo em razão de serem direitos que têm origem comum (CDC, art. 81, parágrafo único, III). Não se trata de pluralidade de demandas (litisconsórcio), mas de uma única demanda, coletiva, objetivando à tutela dos titulares dos direitos individuais homogêneos. É a *class action* brasileira. São individuais homogêneos, por exemplo, os direitos de proprietários de automóveis que foram produzidos com defeito de fábrica, de obter indenização quanto ao prejuízo que tiveram com o defeito.

Como bem advertem Nélson Nery Júnior e Rosa Maria de Andrade Nery(5):

> O que qualifica o direito como difuso, coletivo ou individual homogêneo é o conjunto formado pela causa de pedir e pelo pedido deduzido em juízo. O tipo de pretensão material, juntamente com o seu fundamento é que caracterizam a natureza do direito.

Frequentemente, as ações civis públicas, na defesa de interesses difusos e coletivos, buscam a imposição de obrigações de fazer ou não fazer ao causador do dano. Já na ação coletiva para a defesa de interesses individuais homogêneos, a pretensão é de ressarcimento pecuniário para as vítimas.

Pensamos ser interesse coletivo para fins trabalhistas: o que transcende o aspecto individual para irradiar efeitos sobre um grupo ou categoria de pessoas, sendo uma espécie de soma de direitos individuais, mas também um direito próprio do grupo, cujos titulares são indeterminados, mas que podem ser determinados, ligados entre

---

(4) *Op. cit.*, p. 1011.
(5) *Op. cit.* p. 1010-1011.

si, ou com a parte contrária, por uma relação jurídica base. Em razão disso, no Direito do Trabalho, cada categoria pode defender o próprio interesse e também, por meio de negociação coletiva, criar normas a viger no âmbito da categoria.

São exemplos de interesses coletivos na esfera trabalhista: eliminação dos riscos no meio ambiente de trabalho, no interesse dos trabalhadores de uma determinada empresa; demissão coletiva de trabalhadores durante uma greve; descumprimento generalizado de cláusula convencional.

O interesse individual homogêneo, no nosso sentir, é o que tem origem comum, envolvendo diversas pessoas determinadas, interligadas entre si por uma relação fática, buscando a mesma pretensão. Trata-se de interesse divisível e disponível; entretanto, a soma dos interesses individuais adquire feição coletiva, configurando uma espécie de feixe de direitos individuais.

Como exemplos de interesses ou direitos individuais homogêneos na esfera trabalhista temos pedidos de pagamento de adicionais de periculosidade e insalubridade a trabalhadores de uma empresa; pagamento de horas extras etc. Nos interesses individuais homogêneos, a pretensão posta em juízo tem natureza condenatória pecuniária.

Conforme o Código de Defesa do Consumidor, a defesa dos interesses individuais homogêneos se faz por meio da chamada *Ação Civil Coletiva*, que segue o procedimento fixado nos arts. 91 a 100 do Código de Defesa do Consumidor, que não difere substancialmente da Ação Civil Pública, sendo esta última destinada à defesa de interesses difusos e coletivos.

Em razão de ser escopo da jurisdição solucionar o conflito de forma definitiva, dizendo o direito diante de um caso concreto, ganha destaque o instituto da coisa julgada que busca tornar imutável a decisão, a fim de que seu cumprimento possa ser imposto pelo Estado, dando a cada um o que é seu por direito.

Sem o efeito da coisa julgada, seria impossível o término da relação processual. Desse modo, segundo a doutrina, a coisa julgada é a preclusão máxima do processo, pois, quando atingida, a decisão se torna imutável.

Como destaca Moacyr Amaral Santos(6):

> Enquanto sujeita a recurso e, pois, suscetível de reforma, a sentença, em princípio, não produz os seus efeitos regulares, principais ou secundários. É uma situação jurídica. Enquanto sujeita a recurso a sentença, não se atingiu ainda a finalidade do processo, que é a composição da lide, pelo julgamento final da *res in iudicium deducta*. E, assim, o Estado não satisfez nem ultimou a prestação jurisdicional, a que está obrigado. O Estado ainda não disse, pela boca do órgão jurisdicional, a palavra final, que traduzirá a vontade da lei na sua atuação à relação jurídica deduzida em juízo.

---

(6) *Primeiras linhas de direito processual civil*. 3v. 16 ed. São Paulo: Saraiva, 1997, p. 42.

Diante da importância da coisa julgada, não só para as partes do processo como para a sociedade, a Constituição Federal, no art. 5º, XXXVI, disciplina a proteção da coisa julgada, como direito fundamental, constituindo cláusula pétrea constitucional e também uma garantia da cidadania (art. 60, § 4º, da CF). Dispõe o referido dispositivo constitucional:

> XXXVI — a lei não prejudicará o direito adquirido, o ato jurídico perfeito e a coisa julgada.

Nesse sentido destacamos a seguinte ementa:

> Coisa julgada. A coisa julgada é a entrega final, pelo Judiciário, da tutela jurisdicional, solucionando as questões colocadas em discussão, da qual não existe mais recurso, tornando imutável a decisão judicialmente proferida. Logo, é característica imperiosa da coisa julgada a existência de uma sentença anterior, proferida em autos de ação idêntica, com as mesmas partes, objeto e causa de pedir, que extinguiu o processo com julgamento do mérito de que já não caiba recurso, impossibilitando, portanto, a teor do art. 5º, inciso XXXVI, da CF, a prolação de nova decisão. (TRT — 12ª R. — 3ª T. — ROV n. 1951/2005.029.12.00-5 — Ac. n. 13.386/06 — Relª Gisele P. Alexandrino — DJ 10.10.06 — p. 63) (RDT n. 11 — novembro de 2006)

Embora a proteção à coisa julgada tenha *status* constitucional, o momento em que ocorre a coisa julgada e as condições de sua efetivação dependem da lei processual e da lei material.

Entende-se por coisa julgada o efeito ou a qualidade da sentença que se torna imutável, dentro da mesma relação jurídica processual em razão de já terem escoado os recursos, ou ainda que não esgotados todos os recursos, eles já não são possíveis em razão de a parte que pretendia a reforma da decisão não os ter interposto ou eles não terem sido recebidos.

Da definição que adotamos extraímos as seguintes características: a) a coisa julgada é o efeito da decisão; b) a coisa julgada torna imutável a decisão dentro da mesma relação jurídica processual. No prazo de dois anos, a sentença de mérito pode ser rescindida desde que presentes as hipóteses legais (art. 485 do CPC); c) não há necessidade de se esgotarem todos os recursos, basta que eles não sejam mais possíveis; d) havendo a coisa julgada material, os efeitos da coisa julgada se projetam para fora da relação jurídica processual, pois obrigam as partes ao que foi decidido na sentença. Caso haja apenas a coisa julgada formal, os efeitos da decisão somente produzirão efeitos dentro da relação jurídica processual, pois a decisão não poderá mais ser objeto de recursos.

Dispõe o art. 467 do CPC:

> Art. 467. Denomina-se coisa julgada material a eficácia, que torna imutável e indiscutível a sentença, não mais sujeita a recurso ordinário ou extraordinário.

O referido dispositivo consagra o que a doutrina denomina de coisa julgada material, qualidade apenas verificada nos provimentos de mérito.

No nosso sentir, coisa julgada material é a eficácia da decisão que projeta efeitos fora da relação jurídica processual, pois aprecia o mérito da causa, acolhendo ou rejeitando o pedido ou pedidos de forma definitiva, uma vez que não pode mais ser alterada mediante recurso, dentro da mesma relação jurídica processual.

De outro lado, embora a lei não defina, a coisa julgada formal é a impossibilidade de alteração da decisão, por já esgotados todos os recursos, ou eles não serem mais possíveis. Na verdade, a coisa julgada formal é uma mera preclusão, atinente a não mais ser possível a recorribilidade da sentença dentro da mesma relação jurídica processual.

Toda sentença adquirirá a qualidade da coisa julgada formal (seja terminativa ou definitiva), pois chegará o momento em que ela não possa mais ser recorrível; entretanto, somente adquirirá a qualidade de coisa julgada material as sentenças de mérito, pois serão imutáveis.

Por isso se diz que a coisa julgada material traz consigo a coisa julgada formal, uma vez que somente haverá a qualidade da coisa julgada material se antes houver a coisa julgada formal.

O Processo Civil tradicional, de caráter individualista, não disciplinou a possibilidade de a coisa julgada atingir pessoas que não fizeram parte da relação jurídica processual. Nesse sentido dispõe o art. 472 do CPC, *in verbis*:

> Art. 472. A sentença faz coisa julgada às partes entre as quais é dada, não beneficiando, nem prejudicando terceiros. Nas causas relativas ao estado de pessoa, se houverem sido citados no processo, em litisconsórcio necessário, todos os interessados, a sentença produz coisa julgada em relação a terceiros.

Conforme destaca o referido dispositivo legal, a coisa julgada somente vincula as partes que participaram do processo e também os litisconsortes que nele intervieram. A coisa julgada não pode vincular quem não participou do processo.

Não obstante, em determinadas hipóteses, os efeitos da coisa julgada material se projetam sobre terceiros, como espécie de efeito reflexo da coisa julgada mesmo que eles não tenham participado do processo. Tal acontece com os terceiros que tenham interesse jurídico no processo em que se formou a coisa julgada material, como o sócio da empresa demandada, a empresa do mesmo grupo econômico etc.

Conforme Enrico Tullio Liebman:[7]

> Terceiros juridicamente interessados, sujeitos à exceção de coisa julgada, são os que se encontram subordinados às partes com referência à relação decidida;

---

(7) *Eficácia e autoridade da sentença e outros escritos sobre a coisa julgada.* 4. ed. Rio de Janeiro: Forense, 2006. p. 91.

para estes logra aplicação exclusiva do princípio positivo, e a coisa julgada que se formou entre as partes estender-se-lhes como sua própria.

Nas ações coletivas em que se discutem direitos difusos, coletivos e individuais homogêneos, a coisa julgada tem efeitos *erga omnes* e *ultra partes*, ou seja, tem efeitos sobre pessoas que não participaram da relação jurídica processual, nos termos dos arts. 16, da Lei n. 7.347/85 e 103 da Lei n. 8.078/90.

Art. 16 da Lei n. 7.347/85:

> Art. 16. A sentença civil fará coisa julgada *erga omnes*, nos limites da competência territorial do órgão prolator, exceto se o pedido for julgado improcedente por insuficiência de provas, hipótese em que qualquer legitimado poderá intentar outra ação com idêntico fundamento, valendo-se de nova prova. (Redação dada pela Lei n. 9.494/97)

Art. 103 da Lei n. 8.078/90:

> Art. 103. Nas ações coletivas de que trata este Código, a sentença fará coisa julgada:
>
> I — *erga omnes*, exceto se o pedido for julgado improcedente por insuficiência de provas, hipótese em que qualquer legitimado poderá intentar outra ação, com idêntico fundamento, valendo-se de nova prova, na hipótese do inciso I do parágrafo único do art. 81; II — *ultra partes*, mas limitadamente ao grupo, categoria ou classe, salvo improcedência por insuficiência de provas, nos termos do inciso anterior, quando se tratar da hipótese prevista no inciso II do parágrafo único do art. 81; III — *erga omnes*, apenas no caso de procedência do pedido, para beneficiar todas as vítimas e seus sucessores, na hipótese do inciso III do parágrafo único do art. 81. § 1º Os efeitos da coisa julgada previstos nos incisos I e II não prejudicarão interesses e direitos individuais dos integrantes da coletividade, do grupo, categoria ou classe. § 2º Na hipótese prevista no inciso III, em caso de improcedência do pedido, os interessados que não tiverem intervindo no processo como litisconsortes poderão propor ação de indenização a título individual. § 3º Os efeitos da coisa julgada de que cuida o art. 16, combinado com o art. 13 da Lei n. 7.347, de 24 de julho de 1985, não prejudicarão as ações de indenização por danos pessoalmente sofridos, propostas individualmente ou na forma prevista neste Código, mas, se procedente o pedido, beneficiarão as vítimas e seus sucessores, que poderão proceder à liquidação e à execução, nos termos dos arts. 96 a 99. § 4º Aplica-se o disposto no parágrafo anterior à sentença penal condenatória.

Pensamos não ter seguido a melhor diretriz o art. 16 da Lei n. 7.347/85, pois a coisa julgada proferida em ações civis públicas não tem efeito somente no limite da competência territorial do órgão julgador, pois é da essência dos interesses difusos e coletivos gerarem consequências em limite territorial indeterminado. Portanto, no nosso sentir, a coisa julgada na Ação Civil Pública produz efeitos em todos os lugares onde houve a eclosão dos danos de ordem difusa ou coletiva. Nesse sentido são os incisos I e II do referido art. 103 do CDC.

Como bem adverte Ronaldo Lima dos Santos[8] em precioso trabalho sobre o tema:

"Essa inoperância da alteração introduzida no art. 16 da LACP decorre igualmente da própria natureza indivisível dos interesses tutelados, os quais não encontram fronteiras em regras de competência (...) A extensão da coisa julgada é determinada pelo pedido e não pela competência, que corresponde a uma simples adequação entre o processo e o juiz, sem nenhuma influência sobre o objeto do processo.

Desse modo, o referido art. 16 colide com o sistema das ações coletivas, limitando a eficácia da tutela jurisdicional coletiva e também violando os princípios constitucionais do acesso à justiça e da ordem jurídica justa (art. 5º, XXXV, da CF).

A coisa julgada nas Ações Coletivas, conforme os parágrafos do art. 103, da Lei n. 8.078/90) pode ser *erga omnes* (direitos difusos); *ultra parte* (direitos coletivos) e *erga omnes* no caso de procedência do pedido (direitos individuais homogêneos — *secundum eventum litis*, ou seja, conforme o resultado da lide).

Para melhor compreensão, destacam-se os efeitos, conforme os interesses difusos, coletivos ou individuais homogêneos abaixo:

a) **direitos difusos**: a coisa julgada se dará *erga omnes*, exceto se o pedido for julgado improcedente por insuficiência de provas, hipótese em que qualquer legitimado poderá intentar outra ação com idêntico fundamento, valendo-se de nova prova.

A doutrina tem classificado a coisa julgada para os direitos difusos de coisa julgada *secundum eventum probationis*, ou seja, a coisa julgada segundo o resultado da prova. Desse modo, se o processo for extinto sem resolução de mérito, haverá apenas a formação da coisa julgada material. Se o pedido for julgado improcedente por insuficiência de provas, haverá apenas coisa julgada formal, pois qualquer legitimado poderá propor nova ação, produzindo novas provas. No caso de improcedência por outro motivo que não a insuficiência de provas, mediante ampla produção probatória, haverá formação de coisa julgada material, não podendo os legitimados propor nova ação. Havendo procedência do pedido, a coisa julgada terá efeitos *erga mones*.

b) **interesses coletivos**: a coisa julgada se dará *ultra partes*, mas limitadamente ao grupo, categoria ou classe, salvo improcedência por insuficiência de provas.

Aqui também a coisa julgada se formará *secundum eventum probationis*, ou seja, conforme o resultado das provas, da mesma forma que os direitos difusos.

c) **direitos individuais homogêneos**: a coisa julgada será *erga omnes*, apenas no caso de procedência do pedido, para beneficiar todas as vítimas e seus sucessores.

A coisa julgada aqui se dá, segundo expressão da doutrina, *secundum eventum litis*, ou seja, segundo o resultado da lide. Desse modo, a decisão fará coisa julgada *erga omnes* apenas no caso de procedência do pedido. Se o pedido for julgado improcedente, inclusive por insuficiência de provas, fará coisa julgada apenas para os legitimados para a ação coletiva, mas não para terceiros.

(8) *Sindicatos e ações coletivas*: acesso à justiça, jurisdição coletiva e tutela dos interesses difusos, coletivos e individuais homogêneos. 2. ed. São Paulo: LTr, 2008. p. 399-400.

Outrossim, a coisa julgada na ação civil pública não impede que os lesados procurem o ressarcimento do dano em ações individuais. Entretanto, em caso de direitos individuais homogêneos, os lesados que figuraram na ação coletiva como litisconsortes não poderão propor ações individuais de reparação dos danos.

Nas hipóteses de interesses coletivos e individuais homogêneos, havendo ações individuais em curso, os autores desta não poderão se beneficiar dos efeitos da coisa julgada na ação coletiva se não for requerida sua suspensão no prazo de trinta dias, a contar da ciência nos autos do ajuizamento da ação coletiva (art. 104 da Lei n. 8.078/90).

Não há litispendência entre a ação individual e a coletiva para a defesa dos direitos difusos, coletivos ou individuais homogêneos (arts. 103 e 104 do CDC), pois o objetivo das ações coletivas é facilitar o acesso do trabalhador à Justiça evitando-lhe eventuais retaliações por parte do empregador ou tomador de serviços. Entrementes, os autores das ações individuais não poderão se beneficiar da coisa julgada na ação coletiva (direitos coletivos e individuais homogêneos) se não requererem a suspensão das ações individuais quando souberem da existência da ação coletiva com o mesmo objeto.

O § 3º do art. 103 da Lei n. 8.078/90 consagra o que a doutrina denomina de transporte "*in utilibus* da coisa julgada coletiva", ou seja, o transporte útil da coisa julgada. Dispõe o referido dispositivo legal:

> § 3º Os efeitos da coisa julgada de que cuida o art. 16, combinado com o art. 13 da Lei n. 7.347, de 24 de julho de 1985, não prejudicarão as ações de indenização por danos pessoalmente sofridos, propostas individualmente ou na forma prevista neste Código, mas, se procedente o pedido, beneficiarão as vítimas e seus sucessores, que poderão proceder à liquidação e à execução, nos termos dos arts. 96 a 99.

Diante do referido dispositivo legal, havendo procedência do pedido na ação coletiva, as vítimas individualmente poderão dela se beneficiar, procedendo diretamente a liquidação do valor da reparação, que será realizada por artigos, sem necessidade de ingressar com processo de conhecimento sobre a matéria.

No anteprojeto do Código Brasileiro de Ações Coletivas, a matéria é tratada no art. 13, que assim dispõe:

> Art. 13. Coisa julgada — Nas ações coletivas de que trata este código, a sentença fará coisa julgada *erga omnes*, exceto se o pedido for julgado improcedente por insuficiência de provas, hipótese em que qualquer legitimado poderá intentar outra ação, com idêntico fundamento valendo-se de nova prova.
>
> § 1º Tratando-se de interesses ou direitos individuais homogêneos (art. 3º, III, deste Código), em caso de improcedência do pedido, os interessados poderão propor ação a título individual.
>
> § 2º Os efeitos da coisa julgada nas ações em defesa de interesses ou direitos difusos ou coletivos (art. 4º, I e II, deste Código) não prejudicarão as ações de indenização por danos pessoalmente sofridos, propostas individualmente ou na forma prevista neste Código, mas, se procedente o pedido, beneficiarão as vítimas e seus sucessores, que poderão proceder à liquidação e à execução, nos termos dos arts. 34 e 35.

§ 3º Aplica-se o disposto no parágrafo anterior à sentença penal condenatória.

§ 4º A competência territorial do órgão julgador não representará limitação para a coisa julgada *erga omnes*.

§ 5º Mesmo na hipótese de sentença de improcedência, fundada nas provas produzidas, qualquer legitimado poderá intentar outra ação, com idêntico fundamento, no prazo de 2 (dois) anos contados do conhecimento geral da descoberta de prova nova, superveniente, que não poderia ser produzida no processo, desde que idônea para mudar seu resultado.

§ 6º A faculdade prevista no parágrafo anterior, nas mesmas condições, fica assegurada ao demandado da ação coletiva julgada procedente.

A redação do citado dispositivo simplifica a compreensão do instituto da coisa julgada nas ações coletivas, facilita o acesso à justiça e propicia maior efetividade da jurisdição coletiva.

Não há grandes alterações quanto ao sistema já vigente, entretanto, alguns aspectos merecem atenção especial, quais sejam:

a) inexistência de limitação dos efeitos da coisa julgada à competência do órgão jurisdicional prolator da decisão coletiva, o que está em compasso com o sistema das ações coletivas e com o princípio constitucional do acesso à justiça (art. 5º, XXXV, da CF);

b) inexistência de litispendência entre ação coletiva e individual;

c) possibilidade de extensão dos efeitos benéficos da coisa julgada a todas as vítimas individuais;

d) possibilidade de revisão da sentença coletiva de improcedência do pedido fundada em ampla dilação probatória, sem surgirem novas provas que não foram produzidas no processo originário.

10. Mandado de Segurança Individual e Coletivo. Aspectos Polêmicos

TRT 9ª REGIÃO — 2009

Acerca do mandado de segurança, responda, fundamentadamente: a) Quais são suas espécies e sua natureza jurídica? b) Qual o conceito de "direito líquido e certo"? c) Direito individual homogêneo pode ser objeto de mandado de segurança coletivo? d) O mandado de segurança coletivo, impetrado por "organização sindical, entidade de classe ou associação legalmente constituída" induz litispendência, impedindo o uso do mandado de segurança individual pelos "seus membros ou associados"?

O mandado de segurança é uma ação constitucional, de natureza civil, regulamentada em lei especial, destinada a tutelar direito líquido e certo contra ato praticado por autoridade pública.

Na definição de Hely Lopes Meirelles:[1]

> Mandado de segurança é o meio constitucional posto à disposição de toda pessoa física ou jurídica, órgão com capacidade processual, ou universalidade reconhecida por lei, para a proteção de direito individual ou coletivo, líquido e certo, não amparado por *habeas corpus* ou *habeas data*, lesado ou ameaçado de lesão, por ato de autoridade, seja de que categoria for e sejam quais forem as funções que exerça.

Diz o art. 5º, LXIX, da Constituição Federal:

> LXIX — Conceder-se mandado de segurança para proteger direito líquido e certo, não amparado por *habeas corpus* ou *habeas data*, quando o responsável pela ilegalidade ou abuso de poder for autoridade pública ou agente de pessoa jurídica no exercício de atribuições do Poder Público.

---

(1) *Mandado de segurança.* 22. ed. São Paulo: Malheiros, 2000. p. 21-22.

No mesmo sentido dispõe o art. 1º, da Lei n. 12.016/09:

> Art. 1º Conceder-se-á mandado de segurança para proteger direito líquido e certo, não amparado por *habeas corpus* ou *habeas data*, sempre que, ilegalmente ou com abuso de poder, qualquer pessoa física ou jurídica sofrer violação ou houver justo receio de sofrê-la por parte de autoridade, seja de que categoria for e sejam quais forem as funções que exerça. § 1º Equiparam-se às autoridades, para os efeitos desta Lei, os representantes ou órgãos de partidos políticos e os administradores de entidades autárquicas, bem como os dirigentes de pessoas jurídicas ou as pessoas naturais no exercício de atribuições do poder público, somente no que disser respeito a essas atribuições. § 2º Não cabe mandado de segurança contra os atos de gestão comercial praticados pelos administradores de empresas públicas, de sociedade de economia mista e de concessionárias de serviço público. § 3º Quando o direito ameaçado ou violado couber a várias pessoas, qualquer delas poderá requerer o mandado de segurança.

O novo texto da lei esclarece que a ilegalidade poder partir de qualquer autoridade pública, *seja de que categoria for e sejam quais forem as funções.* Há nítido propósito da Lei ao não restringir a possibilidade de utilização do *writ* em razão da natureza da autoridade pública ou de suas funções.

A doutrina tem classificado o mandado de segurança como sendo uma ação constitucional, de natureza mandamental, processada por rito especial, destinada a tutelar direito líquido e certo contra ato de autoridade praticado com ilegalidade ou abuso de poder.

Nos termos do art. 2º da Lei n. 12.016/09, considerar-se-á federal a autoridade coatora se as consequências de ordem patrimonial do ato contra o qual se requer o mandado houverem de ser suportadas pela União ou entidade por ela controlada.

Conforme o art. 3º da Lei n. 12.016/09, "O titular de direito líquido e certo decorrente de direito, em condições idênticas, de terceiro poderá impetrar mandado de segurança a favor do direito originário, se o seu titular não o fizer, no prazo de 30 (trinta) dias, quando notificado judicialmente. Parágrafo único. O exercício do direito previsto no *caput* deste artigo submete-se ao prazo fixado no art. 23 desta Lei, contado da notificação".

Não há uniformidade na doutrina sobre o significado da expressão *direito líquido e certo.*

A lei não nos dá esta definição. Portanto, cumpre à doutrina e à jurisprudência delinear o conceito.

Nas precisas palavras de Hely Lopes Meirelles:[(2)]

> *direito líquido e certo* é o que se apresenta manifesto na sua existência, delimitado na sua extensão e apto a ser exercido no momento da impetração. Por outras

(2) *Op. cit.*, p. 36.

palavras, o direito invocado, para ser amparável por mandado de segurança, há de vir expresso em norma legal e trazer em si todos os requisitos e condições de sua explicação ao impetrante: se sua existência for duvidosa; se sua extensão ainda não estiver delimitada; se seu exercício depender de situações e fato ainda indeterminados, não rende ensejo à segurança embora possa ser defendido por outros meios judiciais.

Conforme a definição acima, direito líquido e certo é o que não se contesta, pois se apresenta expresso em texto legal. Não admite dilação probatória, pois esta somente pode ser documental e pré-constituída. Nesta ótica, se controvérsia houver sobre o direito, não caberá o mandado de segurança.

Nesse sentido, dispõe a seguinte ementa:

O direito à estabilidade no emprego, se controvertido, deverá ser definido em ação trabalhista e não em mandado de segurança, pois este procedimento se limita a examinar as violações ou as ameaças ao direito líquido e certo. Inexistindo ato destinado a promover a despedida, sem justa causa, de empregado que se diz estável, ele não pode invocar justo receio de sofrê-la. (TRT — 12ª R. — SE — Ac. n. 000406/95 — Rel. Juiz Moreira Cacciari — DJSC 22.02.95 — p. 99)

Não obstante, em razão da liberdade de interpretação da lei, dificilmente teremos um direito que não possa ser contestável. Ainda que não exista controvérsia fática, a lei sempre poderá ser interpretada em vários sentidos, podendo-se chegar a conclusões diversas sobre o mesmo texto legal.

Diante disso, atualmente, a doutrina tem flexibilizado o conceito de direito líquido e certo para admitir manejo do Mandado de Segurança quando não houver discussão fática sobre a questão invocada. Desse modo, pode haver controvérsia sobre o direito, mas não sobre os fatos.

Nesse sentido dispõe a Súmula n. 625 do STF, *in verbis*:

Controvérsia sobre matéria de direito não impede a concessão de mandado de segurança.

Diante do exposto, o direito líquido e certo não caracteriza condição da ação no mandado de segurança, sendo questão de mérito. Vale dizer: caso entenda o Juiz pela inexistência de direito líquido e certo, deverá rejeitar o pedido e não decretar carência da ação.

Nesse sentido é visão de Lúcia Valle Figueiredo:[3]

Direito líquido e certo, suficientemente para possibilitar o *writ*, é o que não se submete a controvérsias factuais. E outro falar: o direito deve ser certo quanto aos fatos, muito embora possa haver — e efetivamente haja — controvérsia de direito.

---

(3) *Mandado de segurança*. 6. ed. São Paulo: Malheiros, 2009. p. 31.

No mesmo sentido sustentam José Miguel Garcia Medina e Fábio Caldas de Araújo:[4]

> A expressão "líquido e certo" sempre foi alvo de críticas, todas procedentes. Na verdade, não é "o direito" que deverá ser "líquido e certo". O texto legal sempre o é. Aliás, assenta-se o princípio da constitucionalidade das leis em nosso sistema, bem como da presunção de legitimidade dos atos administrativos. Até prova em contrário, toda lei é constitucional e certa quanto ao seu conteúdo. A expressão, assim, deve ser interpretada sistemática e finalisticamente: o ato considerado ilegal ou abusivo é aquele que pode ser demonstrado de plano, mediante prova meramente documental. Tutela-se um direito evidente. Caso exista a necessidade de cognição profunda para a averiguação da ilegalidade ou prática de abuso, a situação não permitirá o uso da via estreita do mandado de segurança.

De outro lado, para que se justifique o interesse processual no mandado de segurança, deve haver violação concreta da lei, não se admitindo o *mandamus* para se discutir a lei em tese. Nesse sentido, dispõe a Súmula n. 266 do STF, *in verbis*:

> Não cabe mandado de segurança contra lei em tese.

Na ação de mandado de segurança não cabe dilação probatória, admitindo-se apenas a prova documental, que deve ser pré-constituída.

Nesse sentido, dispõe a Súmula n. 415 do TST, *in verbis*:

> MANDADO DE SEGURANÇA. ART. 284 DO CPC. APLICABILIDADE (conversão da Orientação Jurisprudencial n. 52 da SBDI-2) — Res. 137/2005, DJ 22, 23 e 24.08.2005
>
> Exigindo o mandado de segurança prova documental pré-constituída, inaplicável se torna o art. 284 do CPC quando verificada, na petição inicial do *mandamus*, a ausência de documento indispensável ou de sua autenticação. (ex-OJ n. 52 da SBDI-2 — inserida em 20.09.2000)

No mesmo sentido, destacam-se as seguintes ementas:

> Mandado de segurança — Prova documental pré-constituída — Ausência. 1. O mandado de segurança exige prova documental pré-constituída do acenado direito líquido e certo afirmado na petição inicial (Lei n. 1.533/51, art. 6º). Não se cogita de ofensa a direito líquido e certo da impetrante se a petição inicial do mandado de segurança não vem instruída com documento que ateste a data em que proferida a decisão impugnada, documento essencial inclusive para contagem do prazo decadencial para a impetração do mandado de segurança. 2. Recurso ordinário a que se nega provimento (TST — SBDI2 — ROMS n. 645011/2000-4 — Rel. Min. João Oreste Dalazen — DJ 14.9.2001 — p. 568) (RDT n. 10/2001 — p. 60)

---

(4) *Mandado de segurança individual e coletivo:* comentários à lei 12.016 de 7 de agosto de 2009. São Paulo: RT, 2009. p. 34.

Mandado de segurança — Petição inicial — Prova pré-constituída. A ação mandamental requer prova pré-constituída, o que implica na comprovação de plano do sustentado direito e na incontrovérsia quanto aos fatos articulados via remédio heroico. A ausência de exibição de documentos imprescindíveis à compreensão da lide torna deficitária a formação do *mandamus*, atraindo à hipótese os comandos do art. 8º da Lei n. 1.533/51 e do inciso I do art. 267 do CPC, a teor da OJ n. 52 da egrégia SDI-2 do colendo TST. (TRT 10ª R. — TP — MS n. 329/2002.000.10.00-6 — Relª Mª Regina G. Dias — DJDF 8.8.03 — p. 3) (RDT n. 9 — setembro de 2003)

O mandado de segurança pode ser preventivo quando a violação do direito líquido e certo está na iminência de acontecer, e repressivo, quando a lesão ao direito líquido e certo já ocorreu.

Dispõe o art. 5º, LXX da Constituição Federal:

LXX — o mandado de segurança coletivo pode ser impetrado por: *a)* partido político com representação no Congresso Nacional; *b)* organização sindical, entidade de classe ou associação legalmente constituída e em funcionamento há pelo menos um ano, em defesa dos interesses de seus membros ou associados.

A Constituição de 1988 disciplinou o mandado de segurança coletivo como um direito fundamental do cidadão, destacando a moderna tendência do acesso coletivo à justiça quando há violação de direito líquido e certo de uma coletividade de pessoas. O texto constitucional tem aplicação imediata, entretanto, somente em 2009, a legislação ordinária veio disciplinar o mandado de segurança coletivo.

Dispõe o art. 21 da Lei n. 12.016/09:

Art. 21. O mandado de segurança coletivo pode ser impetrado por partido político com representação no Congresso Nacional, na defesa de seus interesses legítimos relativos a seus integrantes ou à finalidade partidária, ou por organização sindical, entidade de classe ou associação legalmente constituída e em funcionamento há, pelo menos, 1 (um) ano, em defesa de direitos líquidos e certos da totalidade, ou de parte, dos seus membros ou associados, na forma dos seus estatutos e desde que pertinentes às suas finalidades, dispensada, para tanto, autorização especial. Parágrafo único. Os direitos protegidos pelo mandado de segurança coletivo podem ser: I — coletivos, assim entendidos, para efeito desta Lei, os transindividuais, de natureza indivisível, de que seja titular grupo ou categoria de pessoas ligadas entre si ou com a parte contrária por uma relação jurídica básica; II — individuais homogêneos, assim entendidos, para efeito desta Lei, os decorrentes de origem comum e da atividade ou situação específica da totalidade ou de parte dos associados ou membros do impetrante.

O referido texto legal dispõe sobre os entes legitimados para impetração, quais sejam: a)´partido político com representação no Congresso Nacional, na defesa de seus interesses legítimos relativos a seus integrantes ou à finalidade partidária; b) organização sindical, entidade de classe ou associação legalmente constituída e em funcionamento há, pelo menos, 1 (um) ano, em defesa de direitos líquidos e certos da totalidade, ou de parte, dos seus membros ou associados, na forma dos seus estatutos e desde que pertinentes às suas finalidades, dispensada, para tanto, autorização especial.

Conforme o art. 21, da Lei n. 12.016/09, podem ser defendidos por meio de mandado de segurança coletivo os direitos:

a) coletivos: assim entendidos, para efeito desta Lei, os transindividuais, de natureza indivisível, de que seja titular grupo ou categoria de pessoas ligadas entre si ou com a parte contrária por uma relação jurídica básica.

Como já no pronunciamos anteriormente, pensamos ser interesse coletivo para fins trabalhistas: o que transcende o aspecto individual para irradiar efeitos sobre um grupo ou categoria de pessoas, sendo uma espécie de soma de direitos individuais, mas também um direito próprio do grupo, cujos titulares são indeterminados, mas que podem ser determinados, ligados entre si ou com a parte contrária por uma relação jurídica base.

b) individuais homogêneos: assim entendidos, para efeito desta Lei, os decorrentes de origem comum e da atividade ou situação específica da totalidade ou de parte dos associados ou membros do impetrante.

O interesse individual homogêneo, no nosso sentir, é o que tem origem comum, envolvendo diversas pessoas determinadas, interligadas entre si por uma relação fática, buscando a mesma pretensão. Trata-se de interesse divisível e disponível, entretanto a soma dos interesses individuais adquire feição coletiva, configurando uma espécie de feixe de direitos individuais.

Dispõe o art. 22 da Lei n. 12.016/09:

> Art. 22. No mandado de segurança coletivo, a sentença fará coisa julgada limitadamente aos membros do grupo ou categoria substituídos pelo impetrante. § 1º O mandado de segurança coletivo não induz litispendência para as ações individuais, mas os efeitos da coisa julgada não beneficiarão o impetrante a título individual se não requerer a desistência de seu mandado de segurança no prazo de 30 (trinta) dias a contar da ciência comprovada da impetração da segurança coletiva. § 2º No mandado de segurança coletivo, a liminar só poderá ser concedida após a audiência do representante judicial da pessoa jurídica de direito público, que deverá se pronunciar no prazo de 72 (setenta e duas) horas.

O referido dispositivo destaca os efeitos da coisa julgada no mandado de segurança coletivo no sentido de beneficiar o acesso à justiça dos membros da catetoria (direito coletivo) ou substituídos processualmente (direito individual homogêneo), não havendo litispendência entre o mandado de segurança coletivo e o individual. Entretanto, para os impetrantes de mandados de segurança individuais se beneficiarem da decisão no mandado de segurança coletivo, devem requerer a desistência de suas ações individuais no prazo de 30 dias a contar da ciência comprovada da impetração da segurança coletiva.

Pensamos, no aspecto, que melhor seria a lei que tivesse previsto a possibilidade de suspensão das ações de mandado de segurança individuais para a extensão do benefício da decisão no mandado de segurança coletivo, a fim de facilitar o acesso à justiça dos lesados de forma individual, como ocorre com as ações coletivas em geral.

Sendo o ato questionado no mandado de segurança coletivo relativo à matéria sujeita à jurisdição trabalhista, a competência será da Justiça do Trabalho (art. 114, IV, da CF).

As regras de competência para o mandado de segurança individual são as mesmas para o mandado de segurança coletivo.

11. Audiência Trabalhista. Atraso. Número Máximo de Testemunhas Quando há Litisconsórcio

TRT 9ª REGIÃO — 2009

Numa ação trabalhista movida por Santo Souto e João Léu (como autores) em face da empresa "x" (como empregadora) e da empresa "y" (como tomadora dos serviços), com o valor da causa de R$ 800,00, ocorreram as seguintes situações em audiência:

a) A audiência iniciou 50 minutos após o horário designado, em razão de atraso nas audiências precedentes. O advogado da parte autora requereu seu adiamento, alegando ter audiência em outra Vara do Trabalho dentro de alguns minutos. Alegou que, caso não houvesse o adiamento, o magistrado poderia arcar com os prejuízos deste ato.

b) Os autores pretendem ouvir quatro testemunhas ao todo.

c) Cada uma das reclamadas pretende ouvir três testemunhas, uma das quais com 15 anos de idade e outra que atuou como seu preposto em ação trabalhista diversa.

d) O advogado de uma das empresas contraditou uma testemunha indicada pela parte autora, alegando que era primo de um dos reclamantes, isto após a qualificação e a prestação do compromisso legal, apresentando documentos que comprovam esta situação.

Como Juiz do Trabalho, resolva cada uma das situações acima.

Atualmente, existem dois ritos sumaríssimos no Processo do Trabalho, o da Lei n. 5.584/70, que foi batizado pela doutrina como o nome de rito sumário, e o da Lei n. 9.957/00, denominado sumaríssimo.

Tanto os ritos sumário e sumaríssimo têm fundamento nos princípios da celeridade, simplicidade e informalidade, propiciando um rito processual mais ágil para as causas de menor valor econômico.

Há discussões na doutrina sobre ter a Lei n. 9.957/00, aplicável para as causas cujo valor atinge até 40 salários mínimos, revogado a Lei n. 5.584/70, que disciplina o procedimento para as causas cujo valor não ultrapasse dois salários mínimos.

Defendendo a revogação, temos a visão de José Augusto Rodrigues Pinto e Rodolfo Pamplona Filho(1):

> Se consideramos não ter havido derrogação da Lei n. 5.584/70, na parte que trata das causas de pequeno valor, ficaríamos submetidos a dois critérios de incoerência incompreensível: um pequeno valor menor *(sic)* que sujeitará a causa a procedimento ordinário, com ampla possibilidade de produção de prova, sem comportar recurso; e um pequeno valor maior *(sic)* que sujeitará a causa a procedimento sumaríssimo, portanto com uma limitação da dilação probatória e ampliação dos poderes de direção do juiz comportando recurso (...). Tudo nos leva, pois, à conclusão de que, embora as duas leis não disponham diretamente sobre a mesma matéria, as normas da Lei n. 9.957/00, relativas a causas de pequeno valor, entram em conflito disciplinar com as do art. 2º e parágrafos da Lei n. 5.584/70. E, se entram, derrogam-nas. Não admitir isso é, *ultima ratio*, desprezar um dos princípios fundamentais do Direito Processual, a simetria de tratamento das partes pelo processo.

Em que pesem os argumentos acima declinados, pensamos que o rito sumário previsto na Lei n. 5.584/70 não foi revogado expressa ou tacitamente pela Lei n. 9.957/00, pois não houve regulamentação total da matéria, não há incompatibilidade entre as duas leis e também não houve menção expressa à revogação (art. 2º da Lei de Introdução ao Código Civil brasileiro).

No mesmo diapasão, destaca-se a seguinte ementa:

> Alçada. Não foi revogada pela Lei n. 9.957/00, que instituiu o rito sumaríssimo na Justiça do Trabalho, a regra contida no art. 2º, § 3º, da Lei n. 5.584/70, segundo a qual não cabe nenhum recurso nas causas cujo valor não exceda de duas vezes o salário mínimo vigente à época ao ajuizamento da ação, salvo se versarem sobre matéria constitucional. (TRT — 3ª R. — 2ª T. — RO n. 18.196/00 — Relª Juíza Alice Monteiro de Barros — DJMG 6.12.00 — p. 20)

Na hipótese do problema proposto, o rito do processo é o sumário, pois o valor atribuído à causa não ultrapassa dois salários mínimos.

O rito sumário, também chamado *rito de alçada*, está disciplinado pela Lei n. 5.584/70, art. 2º, §§ 3º e 4º.

Tem por objeto o presente rito imprimir maior celeridade processual e efetividade da jurisdição trabalhista para as causas cujo valor não exceda dois salários mínimos, simplificando o procedimento, e eliminando recursos.

Dispõe o art. 2º da Lei n. 5.584/70:

> Art. 2º Nos dissídios individuais, proposta a conciliação, e não havendo acordo, o Presidente da Junta ou o Juiz, antes de passar à instrução da causa, fixar-lhe-á o valor para a determinação

(1) *Manual da conciliação preventiva e do procedimento sumaríssimo*. São Paulo: LTr, 2001. p. 161.

da alçada, se este for indeterminado no pedido. (...). § 3º Quando o valor fixado para a causa, na forma deste artigo, não exceder de 2 (duas) vezes o salário mínimo vigente na sede do Juízo, será dispensável o resumo dos depoimentos, devendo constar da Ata a conclusão da Junta quanto à matéria de fato. § 4º Salvo se versarem sobre matéria constitucional, nenhum recurso caberá das sentenças proferidas nos dissídios da alçada a que se refere o parágrafo anterior, considerado, para esse fim, o valor do salário mínimo à data do ajuizamento da ação. (Redação dada pela Lei n. 7.402/85)

O rito sumário, conforme o § 3º do referido dispositivo legal, aplica-se para as causas cujo valor não exceda dois salários mínimos.

A ata de audiência é mais simplificada, dispensando-se o resumo dos depoimentos, devendo constar do termo a conclusão da Vara quanto à matéria de fato.

Não há possibilidade de recursos, salvo se versar a causa sobre matéria constitucional. Nesta hipótese, será cabível apenas o recurso extraordinário (art. 102 da CF), uma vez que a causa é decidida em instância única. Admitem-se, entretanto, os embargos de declaração, se presentes as hipóteses do art. 897-A da CLT.

Praticamente, o rito sumário está em desuso no Processo do Trabalho, pois dificilmente uma reclamação trabalhista atinge apenas o valor de até dois salários mínimos.

Na prática, a reclamatória instruída pelo rito sumário segue, até a sentença, o mesmo procedimento do rito ordinário, havendo diferença apenas na fase recursal.

Já está pacificada a questão no sentido de ser constitucional a vinculação da alçada ao salário mínimo, conforme dispõe a Súmula n. 356 do C. TST, *in verbis*:

ALÇADA RECURSAL. VINCULAÇÃO AO SALÁRIO MÍNIMO — O art. 2º, § 4º, da Lei n. 5.584, de 26.6.1970 foi recepcionado pela CF/1988, sendo lícita a fixação do valor da alçada com base no salário mínimo.

No caso proposto, a audiência estava atrasada, tendo o advogado dos autores audiência em outra Vara.

Quanto à possibilidade de adiamento da audiência, dispõe o art. 844, parágrafo único, da CLT:

Parágrafo único. Ocorrendo, entretanto, motivo relevante, poderá o presidente suspender o julgamento, designando nova data.

Se as partes ou uma das partes não comparecerem à audiência, conforme o referido dispositivo, ocorrendo motivo relevante, a audiência poderá ser adiada pelo Juiz. Pensamos que motivo relevante se refere a caso fortuito ou força maior e também um motivo ponderável, como greve dos sistemas de transporte, alagamentos, doença, dentre outros.

Pensamos ser possível também a suspensão da audiência e o seu consequente adiamento por convenção das partes, nos termos do art. 265, II e § 3º, do CPC, máxime quando há a possibilidade de acordo, pois a experiência tem demonstrado que após a realização da instrução processual, as possibilidades de conciliação se reduzem.

Na hipótese do problema proposto, não há fundamento legal para adiar a audiência, pois não se trata de motivo de força maior (art. 849 da CLT), tampouco relevante (art. 844 da CLT). O atraso é previsível e já faz parte do cotidiano da Justiça do Trabalho em razão da grande quantidade de processos e audiências que, diariamente, são realizadas nas Varas Trabalhistas. Desse modo, o Juiz do Trabalho não responderá, de forma alguma, por qualquer prejuízo aos autores e não está obrigado a adiar a audiência. Ele somente está cumprindo seu dever funcional de realizar as audiências.

Não obstante, pensamos ser prudente ao Juiz do Trabalho chamar a parte contrária e explicar o motivo aos reclamados. Se eles concordarem com o adiamento, pensamos ser a providência mais prudente a deferir, para que não haja prejuízo aos autores.

Podem depor como testemunhas todas as pessoas que não sejam incapazes, impedidas ou suspeitas.

A CLT disciplina as hipóteses de suspeição e impedimento de testemunhas, no art. 829 da CLT, *in verbis*:

> Art. 829. A testemunha que fora parente até o terceiro grau civil, amigo íntimo ou inimigo de qualquer das partes, não prestará compromisso, e seu depoimento valerá como simples informação.

A CLT prevê uma hipótese de impedimento, quando trata de parente até o terceiro grau civil[(2)] de uma das partes, e suspeição, quando trata de amigo íntimo ou inimigo de qualquer das partes.

Em razão de omissão da CLT e compatibilidade com o Processo do Trabalho (art. 769 da CLT), restam aplicáveis as hipóteses de incapacidade, impedimento e suspeição de testemunhas, previstas no art. 405 do CPC.

As incapacidades e impedimentos são de ordem objetiva, enquanto a suspeição é de ordem subjetiva.

Segundo o § 1º do art. 405 do CPC, com redação dada pela Lei n. 5.925/73, são incapazes: I — o interdito por demência; II — o que, acometido por enfermidade, ou

---

(2) Como bem exemplifica Ísis de Almeida: "1º grau — Pai e filho — Genro e sogra — Padrasto e madrasta — Enteados — Pais e filhos adotivos. 2º grau: Avós e netos e cônjuges destes — Irmãos, inclusive os meio-irmãos — Cunhados — Filhos dos enteados. 3º grau: Bisavós e bisnetos — Tios e sobrinhos. Obs.: Cunhado não é parente. O parentesco da nora ou do genro com os sogros cessa com a morte do cônjuge que o gerou" (*Manual de direito processual do trabalho*. 2. Vol., 9. ed. São Paulo: LTr, 1998. p. 200).

debilidade mental, ao tempo em que ocorreram os fatos, não podia discerni-los; ou, ao tempo em que deve depor, não está habilitado a transmitir as percepções; III — o menor de 16 anos; IV — o cego e o surdo, quando a ciência do fato depender dos sentidos que lhes faltam.

Nos termos do § 2º do art. 405 do CPC, com redação dada pela Lei n. 5.925/73, são impedidos: I — o cônjuge, bem como o ascendente e o descendente em qualquer grau, ou colateral, até o terceiro grau, de alguma das partes, por consanguinidade ou afinidade, salvo se o exigir o interesse público, ou, tratando-se de causa relativa ao estado da pessoa, não se puder obter de outro modo a prova, que o juiz repute necessária ao julgamento do mérito; II — o que é parte na causa; III — o que intervém em nome de uma parte, como o tutor na causa do menor, o representante legal da pessoa jurídica, o juiz, o advogado e outros, que assistam ou tenham assistido as partes.

Conforme o § 3º do art. 405 do CPC, com redação dada pela Lei n. 5.925/73, são suspeitos: I — o condenado por crime de falso testemunho, havendo transitado em julgado a sentença; II — o que, por seus costumes, não for digno de fé; III — o inimigo capital da parte, ou o seu amigo íntimo; IV — o que tiver interesse no litígio.

A testemunha de 15 anos das reclamadas não poderá ser ouvida, pois está impedida de depor. Caso estritamente necessário, o Juiz do Trabalho a ouvirá na qualidade de informante. Nos termos do § 4º do art. 405 do CPC, com redação dada pela Lei n. 5.925/73: Sendo estritamente necessário, o Juiz ouvirá testemunhas impedidas ou suspeitas; mas os seus depoimentos serão prestados independentemente de compromisso (art. 415) e o Juiz lhes atribuirá o valor que possam merecer.

Não há impedimento legal para a testemunha que atuou em outro processo representando a ré de atuar no processo em questão como testemunha compromissada, nos termos dos arts. 849 da CLT e 405 do CPC, entretanto, deve o magistrado avaliar se não há interesse no litígio.

Quanto ao número máximo de testemunhas, dispõe o art. 821 da CLT:

> Art. 821. Cada uma das partes não poderá indicar mais de 3 (três) testemunhas, salvo quando se tratar de inquérito, caso em que esse número poderá ser elevado para 6 (seis). (Redação dada pelo Dec-Lei n. 8.737/46)

Quanto ao rito sumaríssimo, dispõe o art. 852-H, § 2º, da CLT:

> § 2º As testemunhas, até o máximo de duas para cada parte, comparecerão à audiência de instrução e julgamento independentemente de intimação.

Conforme se constata da redação dos referidos dispositivos legais, os números máximos de testemunhas para cada parte são: a) procedimento ordinário: três testemunhas; b) procedimento sumaríssimo: duas testemunhas; c) inquérito judicial para apuração de falta grave: seis testemunhas; d) rito sumário (Lei n. 5.584/70): três testemunhas.

Havendo litisconsórcio ativo, que é a hipótese da questão, o número de testemunhas deve ser, no máximo, três para ambos os autores e não três testemunhas para cada autor, pois se os reclamantes optaram por propor suas pretensões numa única reclamação, renunciaram tacitamente ao direito de ouvir mais de três testemunhas no processo.

Em se tratando de litisconsórcio passivo, que é a hipótese da questão, cada litisconsorte pode ouvir até três testemunhas cada um, pois a circunstância de o reclamado estar ao lado de outro litigante no polo passivo é condição que não decorre de sua vontade, e sim por iniciativa do autor na petição inicial, ou por provocação do reclamado nas hipóteses de intervenção de terceiros como chamamento ao processo e denunciação à lide.

De outro lado, para o Juiz do Trabalho não há um limite máximo de testemunhas, pois em busca da verdade (art. 765 da CLT) o Juiz poderá ouvir outras testemunhas que excedam o número máximo legal. As testemunhas que excedam o número máximo legal serão ouvidas como testemunhas do juízo. De outro lado, o art. 821 da CLT se refere a limite máximo de testemunhas para a parte e não para o Juiz.

Em casos excepcionais, a fim de não se obstar o acesso à justiça da parte, como na hipótese do reclamante ter trabalhado em vários locais de trabalho, poderá o Juiz, fundamentadamente, deferir que a parte possa ouvir mais de três testemunhas.

12. Do Ônus da Prova no Processo Civil e no Processo do Trabalho

TRT 3ª REGIÃO — 2009

Questão — Direito Processual do Trabalho: Como se distribui o ônus da prova no processo do trabalho, em contraste com o processo civil?

Não há na doutrina uniformidade sobre a definição de ônus da prova. Para alguns, se trata de uma obrigação processual. Já outros defendem que é um encargo da parte de demonstrar os fatos que alega em juízo.

Conforme Nélson Nery Júnior:(1)

> A palavra do latim *onus* significa carga, fardo, peso, gravame. Não existe obrigação que corresponda ao descumprimento do ônus. O não atendimento do ônus de provar coloca a parte em desvantajosa posição para a obtenção do ganho de causa. A produção probatória, o tempo e a forma prescrita em lei são ônus da condição de parte.

Na visão de João Batista Lopes:(2)

> Entende-se por ônus a subordinação de um interesse próprio a outro interesse próprio; obrigação é a subordinação de um interesse próprio a outro, alheio. Exemplos: a lei não impõe o dever ou a obrigação de arrolar testemunhas, requer perícia ou juntar documentos, mas se a parte deixar

(1) *Op. cit.*, p. 614.

(2) *A prova no direito processual civil*. 2. ed. São Paulo: RT, 2002. p. 38.

de fazê-lo quando necessário, correrá o risco de não ver demonstradas suas alegações. Mas poderá ocorrer que os fatos venham a ser provados em razão de providências tomadas pelo adversário (*v.g.*, o autor alega atos de turbação ou esbulho que acabam por ser demonstrados pelas testemunhas arroladas pelo réu).

Na visão de Guilherme de Souza Nucci:[(3)]

> Ônus representa um encargo, uma responsabilidade, uma incumbência. Possui um sentido negativo, valorando-se como obrigação da qual não se pode subtrair sob pena de sofrer as consequências desfavoráveis ao próprio interesse. É exatamente nesse prisma que se deve captar o ônus da prova.

O ônus da prova, no nosso sentir, é um dever processual que incumbe ao autor quanto ao fato constitutivo do seu direito e ao réu, quanto aos fatos modificativos, extintos e impeditivos do direito do autor, que, uma vez não realizado, gera uma situação desfavorável à parte que detinha o ônus e favorável à parte contrária, na obtenção da pretensão posta em juízo.

A Consolidação das Leis do Trabalho disciplina a regra de distribuição do ônus no art. 818, que tem a seguinte redação:

> Art. 818. A prova das alegações incumbe à parte que as fizer.

Disposição semelhante encontramos no Código de Processo Penal, que assevera, no art. 156, o seguinte:

> Art. 156. A prova da alegação incumbirá a quem a fizer, sendo, porém, facultado ao juiz de ofício: (Redação dada pela Lei n. 11.690/08) I — ordenar, mesmo antes de iniciada a ação penal, a produção antecipada de provas consideradas urgentes e relevantes, observando a necessidade, adequação e proporcionalidade da medida; (acrescentado pela Lei n. 11.690/08) II — determinar, no curso da instrução, ou antes de proferir sentença, a realização de diligências para dirimir dúvida sobre ponto relevante. (acrescentado pela Lei n. 11.690/08).

Na esfera do processo penal, o ônus da prova, praticamente, é todo da acusação, cumprindo à defesa a contraprova. Somente em algumas hipóteses, por exemplo, quando o réu alega legítima defesa, ou alguma excludente de antijuridicidade ou culpabilidade, atrairá para si o encargo probatório.

Ao comentar o art. 156 do CPP, sustenta Guilherme de Souza Nucci:[(4)]

> A alegação entendida como um argumento ou uma demonstração de algo, como regra, envolve um fato ou vários deles. Por isso, cabe à parte interessada

(3) *Provas no processo penal*. São Paulo: RT, 2009. p. 22.

(4) *Idem*, p. 24.

> provar o evento narrado como verdadeiro para o juiz. O órgão acusatório incumbe-se de demonstrar a autenticidade da imputação contida na denúncia ou queixa. A defesa encarrega-se de evidenciar o estado de inocência, produzindo contraprova, ou de apontar a veracidade de excludentes contidas na defesa prévia. Em suma, quem afirma algo de relevo no processo fica encarregado de demonstrar a sua veracidade. É o ônus da prova.

Na esfera do processo do trabalho, embora a CLT contenha disposição bem semelhante à do Código de Processo Penal, a interpretação não tem sido dada no mesmo sentido, pois, no processo trabalhista, não há o princípio da presunção de inocência do réu, próprio da esfera penal, tampouco o reclamante terá de demonstrar todos os fatos que alega na inicial.

Não há uniformidade de interpretação do ônus da prova no processo do trabalho. A CLT, como já dito, apenas menciona que o ônus da prova incumbe à parte que as fizer.

Vários intérpretes se esforçaram para excluir o real alcance do art. 818 da CLT, mas não se chegou a um consenso sobre de quem seria a carga probatória no processo à luz da CLT. Inegavelmente, existem alguns critérios:

a) o ônus da prova no processo do trabalho é do reclamado, pois ele tem melhores condições de produzir a prova no processo;

b) o ônus da prova é do reclamante, pois o autor tem a obrigatoriedade de demonstrar em juízo os fatos da inicial;

c) tanto o reclamante como o empregado devem provar os fatos alegados tanto na inicial como na defesa;

d) o reclamante deve provar os fatos constitutivos do seu direito, e o reclamado os fatos impeditivos, modificativos e extintivos do direito do autor.

Nesse sentido, dispõe o *caput* do art. 333 do CPC:

> Art. 333. O ônus da prova incumbe: I — ao autor, quanto ao fato constitutivo do seu direito; II — ao réu, quanto à existência de fato impeditivo, modificativo ou extintivo do direito do autor.

No nosso sentir, o referido art. 818 da CLT não é completo, e por si só é de difícil interpretação e também aplicabilidade prática, pois como cada parte tem de comprovar o que alegou, ambas as partes têm o encargo probatório de todos os fatos que declinaram, tanto na inicial, como na contestação.

Além disso, o art. 818 consolidado não resolve situações de inexistência de prova no processo, ou de conflito entre as provas produzidas pelas partes. O Juiz da atualidade, diante do princípio da inafastabilidade da jurisdição (art. 5º, XXXV, da CF), não pode se furtar a julgar, alegando falta de prova nos autos, ou impossibilidade de saber qual foi a melhor prova. Por isso, a aplicação da regra de ônus da prova como fundamento de decisão é uma necessidade do processo contemporâneo.

Como bem adverte Rosenberg[5]:

> (...) O juiz não pode chegar a um *non liquet* com relação à questão de direito, pois é obrigado a julgar e, portanto, declarar as consequências jurídicas para o caso concreto. Assim, na atualidade pode haver um *non liquet* quanto aos fatos, isto é, o juiz pode não ter sido devidamente instruído pela atividade probatória das partes e não ter conseguido esclarecer a questão fática, mas, mesmo assim, não pode deixar de emitir um pronunciamento judicial, uma decisão sobre o caso concreto.

Embora alguns autores defendam que o art. 818 da CLT basta por si mesmo no Processo do Trabalho[6], acreditamos que a razão está com os que pensam ser aplicável ao Processo do Trabalho a regra do art. 333 do CPC, que deva ser conjugada com o art. 818 da CLT.

Desse modo, no Processo do Trabalho: a) o reclamante tem o ônus de comprovar os fatos constitutivos do seu direito; b) o reclamado, os fatos modificativos, extintivos e impeditivos do direito do autor.

Nesse diapasão, concordamos com a posição de Valentin Carrion[7] quando afirma:

> A regra de que o ônus pesa sobre quem alega é incompleta, simplista em excesso. O empregado que afirme não ter faltado ao serviço em certo dia terá que prová-lo? Se um outro alegar, na petição inicial, que celebrou contrato com empresa e que esta foi representada no ato por preposto capaz e sem coação, deverá provar as três circunstâncias? É obvio que não: 1. ao autor cabe o ônus da prova do fato constitutivo do seu direito; 2. ao réu, o da existência do fato impeditivo, modificativo ou extintivo do direito do autor (CPC, art. 333).

No mesmo sentido, pronuncia-se Carlos Zangrando[8]:

> (...) a única regra sobre ônus da prova prevista na CLT segue justamente aquela vetusta orientação individualista romana, determinando, pura e simplesmente, que o ônus da prova das alegações cabe à parte que as fizer (CLT, art. 818). Essa regra não é adequada ao Direito Processual moderno, devendo ser suplementada pelas modernas teorias e pela muito mais bem elaborada regra presente no art. 333 do Código de Processo Civil".

---

(5) *La carga de la prueba*. Tradução de Erne Krotoschin. Buenos Aires: EJEA, 1956. p. 2.

(6) Nesse sentido defende Manoel Antonio Teixeira Filho (*A prova no processo do trabalho*. 8. ed. São Paulo: LTr, 2003. p. 121). No mesmo sentido: Ônus da prova. É da parte que alega o ônus de comprovar os fatos que sustentam suas alegações. (TRT 12ª R. — 1ª T. — ROV n. 1254/2005.046.12.00-0 — Ac. n. 4088/06 — Rel. Marcus Pina Mugnaini — DJ 4.4.06 — p. 285) (RDT n. 05 — maio de 2006)

(7) *Comentários à Consolidação das Leis do Trabalho*. 30. ed. São Paulo: Saraiva, 2005. p. 622.

(8) *Processo do trabalho:* processo de conhecimento. Vol. I. São Paulo: LTr, 2009. p. 735.

O Tribunal Superior do Trabalho pacificou o entendimento sobre a aplicabilidade do entendimento vazado no art. 333 do CPC quanto ao ônus da prova no Processo do Trabalho por meio da Súmula n. 6, VIII, do C. TST, *in verbis*:

> É do empregador o ônus da prova do fato impeditivo, modificativo ou extintivo da equiparação salarial. (ex-Súmula n. 68 — RA 9/1977, DJ 11.2.1977)

No mesmo sentido as ementas que seguem:

> Encargo probatório — Ônus da prova — Arts. 818 da CLT e 333, I e II, do CPC. Não é atribuição/encargo do juízo, na ausência de provas que competiam à parte produzir — como no caso, a elaboração de demonstrativo de diferenças —, perquirir acerca da existência de diferenças ou não para, ao fim, concluir pela procedência ou improcedência do pleito. Ora, o encargo probatório, no particular, era do reclamante, a teor dos arts. 818 e 333, I, do CPC, pois o município reclamado negou a existência de qualquer diferença e trouxe aos autos toda a documentação relativa à matéria. Todavia, prova alguma há nos autos produzida pelo obreiro que demonstre de forma clara e precisa a existência de diferenças em seu proveito. Recurso ordinário do Município de Santa Bárbara D'Oeste a que se dá provimento. Ação improcedente. (TRT 15ª R. — 5ª T. — REO — RO n. 553.2004.086.15.00-9 — Ac. n. 19948/05 — Rel. João Alberto A. Machado — DJSP 06.05.05 — p. 36) (RDT n. 6 de junho de 2005)

> Fato constitutivo — Fato impeditivo, modificativo ou extintivo do direito — Ônus da prova. De acordo com o preconizado no art. 818 da CLT, o fato constitutivo do direito do autor deve ser por ele comprovado, assim como, de acordo com o art. 333, II, do CPC, de aplicação subsidiária, o fato impeditivo, modificativo ou extintivo de seu direito deve ser comprovado pelo réu. (TRT 15ª R. — 1ª T. — RO n. 1103/2004.113.15.00-1 — Rel. Eduardo Benedito de O. Zanella — DJSP 02.12.05 — p. 53) (RDT n. 1 — janeiro de 2006)

Os fatos constitutivos são os que geram o direito ao autor, como, por exemplo, a prova da prestação pessoal de serviços, do horário em sobrejornada, do nexo causal entre a doença e a função.

Nesse sentido, vale destacar a seguinte ementa:

> Data de admissão do empregado — Ônus da prova. O ônus da prova quanto à real data de admissão é do reclamante, vez que a data lançada na sua CTPS gera presunção relativa em favor do reclamado. Esse é o entendimento que se colhe das Súmulas ns. 225, do STF e 12, do TST, e dos arts. 818 da CLT e 333, I, do CPC. Não tendo o reclamante se desincumbido do ônus de provar data diversa daquela constante de sua CTPS, não há outros direitos a serem deferidos. (TRT 3ª R. — 4ª T. — RO n. 1208/2005.063.03.00-5 — Rel. Luiz Otavio Linhares Renault — DJ 1º.4.06 — p. 17)

Os fatos impeditivos são os que obstam o direito do autor. Por exemplo, tempo de função superior a dois anos na equiparação salarial.

Os fatos modificativos são os que impedem que o pedido do autor seja acolhido, em virtude de modificações ocorridas entre os negócios havidos entre autor e réu.

Por exemplo: transação, novação, compensação, confusão. É comum, no Processo do Trabalho, o reclamado admitir a prestação pessoal de serviços do autor, mas dizer que tal prestação se deu em modalidade diversa do contrato de emprego, como, por exemplo: o trabalho autônomo, eventual etc.

Os fatos extintivos não tornam improcedente o pedido do autor, porque extinto o direito ou a pretensão postos em juízo. Como exemplos: prescrição e a decadência.

O ônus da prova é uma regra de julgamento. Desse modo, uma vez produzidas as provas, deve o Juiz do Trabalho julgar de acordo com a melhor prova, independentemente da parte que a produziu (princípio da aquisição processual da prova). O Juiz só utilizará a regra do ônus da prova quando não houver nos autos provas,[9] ou como um critério para desempate, quando houver a chamada prova dividida ou empatada.

Nesse sentido, destacamos as seguintes ementas:

A regra do ônus da prova só tem pertinência como regra de juízo (= regra de decidir), que é, aos casos em que, encerrada a instrução, fique ao julgador a dúvida intransponível acerca da existência de fato constitutivo ou liberatório. (TJSP-RT n. 706/67).

Prova dividida. Apresentando-se a prova dividida, a decisão deverá pautar-se pela distribuição do ônus da prova, segundo critérios legais ditados pelos arts. 818 da CLT e 333, I e II, do CPC. (TRT — 9ª R. — 4ª T. — Ac. n. 2261/98 — Relª Juíza Rosemarie Pimpão — DJPR 30.1.98 — p. 165). Ônus da prova — Art. 818 da CLT e art. 333 do CPC — Violação. 1. As normas legais concernentes à distribuição do ônus da prova são "regras de julgamento", cuja finalidade é dotar o juiz de um critério para decidir a lide nos casos em que não se produziu a prova, ou a prova revelou-se infuciente para formar-lhe o convencimento. Destinam-se, enfim, a permitir ao juiz sair de um impasse, já que também não lhe é dado abster-se de compor o conflito de interesses. 2. Daí se segue, a *contrario sensu*, que é logicamente inconcebível a vulneração do art. 818 da CLT e do art. 333 do CPC sempre que o órgão jurisdicional soluciona o litígio com base nas provas efetivamente produzidas. A violação a esses preceitos legais somente se pode divisar quando, por inexistente ou insuficiente a prova, o juiz, invertendo inadvertidamente a distribuição do ônus da prova, julga a causa em desfavor da parte a quem, segundo a lei, não tocava o ônus de produzir a prova não produzida. 3. Agravo de instrumento não provido. (TST — 1ª T. — AIRR n. 51.165/2002.900.03.00-7 — Rel. João Oreste Dalazen — DJ 20.5.05 — p. 883) (RDT n. 6 — junho de 2005)

(9) A doutrina costuma denominar a ausência de provas nos autos como *non liquet*.

Bibliografia

ALMEIDA, Ìsis. *Manual de direito processual do trabalho*. 2º Vol. 9. ed. São Paulo: LTr, 1998.

ALMEIDA, Renato Rua de. Visão histórica da liberdade sindical. *Revista Legislação do Trabalho*. São Paulo: LTr, ano 70, v. 03, 2006.

________. *Direitos fundamentais aplicados ao direito do trabalho*. São Paulo: LTr, 2010.

ASSIS, Araken. *Manual do processo de execução*. 7. ed. São Paulo: RT, 2001.

BARROS, Alice Monteiro de. *Curso de direito do trabalho*. 3. ed. São Paulo: LTr, 2007.

________. *Curso de direito do trabalho*. 4. ed. São Paulo: LTr, 2008.

________. *Contratos e regulamentações especiais de trabalho*. 3. ed. São Paulo: LTr, 2008.

BEBBER, Júlio César. *Procedimento sumaríssimo no processo do trabalho*. São Paulo: LTr, 2000.

________. *Recursos no processo do trabalho*. 2. ed. São Paulo: LTr, 2009.

BEZERRA LEITE, Carlos Henrique. *Curso de direito do trabalho*. 5. ed. São Paulo: LTr, 2007.

________. *Curso de direito processual do trabalho*. 6. ed. São Paulo: LTr, 2008.

________. *Curso de direito processual do trabalho*. 8. ed. São Paulo: LTr, 2010.

________. *Ação civil pública*: nova jurisdição trabalhista metaindividual. Legitimação do Ministério público. 2. ed. São Paulo: LTr, 2008.

BITTAR. Carlos Alberto. *Direitos da personalidade*. 2. ed. Rio de Janeiro: Forense Universitária, 1995.

BRITO FILHO, José Claudio Monteiro de. *Direito sindical*. 3. ed. São Paulo: LTr, 2009.

CALVET, Otávio Amaral. *O direito ao lazer nas relações de trabalho*. São Paulo: LTr, 2006.

________. *Consórcio de empregadores urbanos*: uma realidade possível. São Paulo: LTr, 2004.

CALVET, Otávio Amaral; MOURA, Marcelo. *Magistratura e Ministério Público do Trabalho*: questões discursivas. Rio de Janeiro: Lúmen Juris, 2007.

CAPPELLETTI, Mauro; GARTH, Bryant. *Acesso à justiça*. Tradução de Ellen Gracie Northfleet. Porto Alegre: Sérgio Antonio Fabris Editor, 2002.

CARRION, Valentin. *Comentários à CLT*. 33. ed. São Paulo: Saraiva, 2008.

CASSAR, Vólia Bomfim. *Direito do trabalho*. 4. ed. Niterói: Impetus, 2010.

CASTELO, Jorge Pinheiro. *O direito processual do trabalho na moderna teoria geral do direito*. 2. ed. São Paulo: LTr, 1996.

CATHARINO, José Martins. *Tratado jurídico do salário*. São Paulo: LTr, 1997.

CAVALCANTI, Jouberto de Souza; JORGE NETO, Francisco Ferreira. *Manual de direito processual do trabalho*. 3. ed. Rio de Janeiro: Lúmen Júris, 2007.

CHAVES, Luciano Athayde. *A recente reforma no processo comum*. Reflexos no direito judiciário do trabalho. São Paulo: LTr, 2006.

________. *A recente reforma no processo comum*. Reflexos no direito judiciário do trabalho. 3. ed. São Paulo: LTr, 2007.

CHIOVENDA, Giuseppe. *Instituições de direito processual civil*. Volume III. 3. ed. Campinas: Bookseller, 2002.

COSTA MACHADO, Antonio Cláudio. *Código de Processo Civil interpretado e anotado*. Artigo por artigo, parágrafo por parágrafo. São Paulo: Manole, 2006.

COSTA, Marcelo Freire Sampaio. *Eficácia dos Direitos Fundamentais entre particulares*. Juízo de Ponderação no Processo do Trabalho. São Paulo: LTr, 2010.

COUTURE, Eduardo. *Introdução ao Estudo do Processo Civil*. 3. ed. Tradução de Mozart Victor Russomano, Rio de Janeiro: Forense, 1998.

CREMONESI, André. Lei n. 11.340/2006. Obrigações do empregador e efeitos sobre o contrato de trabalho. In: *Revista da Escola Paulista de Direito*. Ano IV, n. 4. Campinas: Millennium, 2008.

DAIDONE, Décio Sebastião. *Direito processual do trabalho*: ponto a ponto. 2. ed. São Paulo: LTr, 2001.

DALAZEN, João Oreste. *Competência material trabalhista*. São Paulo: LTr, 1994.

DALLEGRAVE NETO, José Affonso. *Inovações na legislação trabalho*. 2. ed. São Paulo: LTr, 2002.

________. *Responsabilidade civil no direito do trabalho*. 4. ed. São Paulo: LTr, 2010.

DELGADO, Mauricio Godinho. *Curso de direito do trabalho*. 6. ed. São Paulo: LTr, 2007.

________. *Curso de direito do trabalho*. 7. ed. São Paulo: LTr, 2008.

________. *Introdução ao direito do trabalho*. 2. ed. São Paulo: LTr, 1999.

________. *Direito coletivo do trabalho*. 3. ed. São Paulo: LTr, 2008.

DIDIER JÚNIOR, Fredie. *Pressupostos processuais e condições da ação*: o juízo de admissibilidade do processo. São Paulo: Saraiva, 2005.

DINAMARCO, Cândido Rangel. *A instrumentalidade do processo*. 12. ed. São Paulo: Malheiros, 2005.

DINAMARCO, Cândido Rangel. *Instituições de direito processual civil*. Vol. III. São Paulo: Malheiros, 2001.

________. *Litisconsórcio*. 8. ed. São Paulo: Malheiros, 2009.

DINIZ, Maria Helena. *Dicionário jurídico*. São Paulo: Saraiva, 1998. Vol. 4.

___________. *Código Civil anotado*. 11. ed. São Paulo: Saraiva, 2005.

___________. *Compêndio de introdução à ciência do direito*. 18. ed. São Paulo: Saraiva, 2007.

FIGUEIRA JR., Joel Dias. *Comentários ao Código de Processo Civil*. Vol. 4. Tomo II. 2. ed. São Paulo: RT, 2007.

GARCIA, Gustavo Filipe Barbosa. *Curso de direito do trabalho*. 2. ed. São Paulo: Método, 2008.

GIGLIO, Wagner D. *Direito processual do trabalho*. 15. ed. São Paulo: Saraiva, 2005.

GOMES, Orlando; GOTTSCHALK, Élson. *Curso de direito do trabalho*. 17. ed. Rio de Janeiro: Forense, 2005.

GRECO FILHO, Vicente. *Direito processual civil brasileiro*. 3º vol. 7. ed. São Paulo: Saraiva, 1994.

LAMARCA, Antonio. *O livro da competência*. São Paulo: RT, 1979.

LOPES, João Batista. *A prova no direito processual civil*. 2. ed. São Paulo: RT, 2002.

MAGANO, Octávio Bueno. *ABC do direito do trabalho*. São Paulo: RT, 1998.

__________. *Manual de direito do trabalho*. 2. ed. Vol. II. São Paulo: LTr, 1988.

MAIOR, Jorge Luiz Souto. *Curso de direito do trabalho*. Vol. II. São Paulo: LTr, 2008.

__________. Em defesa da ampliação da competência da justiça do trabalho. *Revista RDT*. Brasília: Consulex, 2005, p. 11-08.

__________. *Direito processual do trabalho*. São Paulo: LTr, 1998.

__________. Teoria geral da execução forçada. In: *Execução trabalhista:* visão atual. Coordenador Roberto Norris. Rio de Janeiro: Forense, 2001.

__________. *Petição inicial*. São Paulo: LTr, 1998.

__________. *Temas de processo do trabalho*. São Paulo: LTr, 2000.

__________. Reflexos das alterações do Código de Processo Civil no processo do trabalho. In: *Revista LTr* 70-08/928.

MALLET, Estêvão. *Procedimento sumaríssimo trabalhista*. São Paulo: LTr, 2002.

__________. *Direito, trabalho e processo em transformação*. São Paulo: LTr, 2005.

__________. O processo do trabalho e as recentes modificações do Código de Processo Civil. In *Revista LTr* 70-06, 672.

MANUS, Pedro Paulo Teixeira. *Direito do trabalho*. 10. ed. São Paulo: Atlas, 2006.

MANUS, Pedro Paulo Teixeira; ROMAR, Carla Teresa. *CLT e legislação complementar em vigor*. 6. ed. São Paulo: Malheiros, 2006.

MARCATO, Antonio Carlos. *Procedimentos especiais*. 10. ed. São Paulo: Atlas, 2004.

MARINONI, Luiz Guilherme; ARENHART, Sérgio Cruz. *Manual do processo de conhecimento*. 4. ed. São Paulo: RT, 2005.

MARTINS, Sérgio Pinto. *Comentários à CLT*. 12. ed. São Paulo: Atlas, 2008.

________. *Direito do trabalho*. 14. ed. São Paulo: Atlas, 2001.

________. *Direito processual do trabalho*. São Paulo: Atlas, 2006.

MAXIMILIANO, Carlos. *Hermenêutica e aplicação do direito*. Rio de Janeiro: Forense, 2003.

MAZUR, Maurício. *Consórcio de empregadores rurais*. Santa Catarina: Juruá, 2003.

MEIRELES, Edilton; BORGES, Leonardo Dias. *Nova reforma processual e seu impacto no processo do trabalho*. 2. ed. São Paulo: LTr, 2007.

MEIRELLES, Hely Lopes. *Direito administrativo brasileiro*. São Paulo: Malheiros, 1995.

MELO, Raimundo Simão de. *A greve no direito brasileiro*. São Paulo: LTr, 2006.

________. *Ação civil pública na justiça do trabalho*. 2. ed. São Paulo: LTr, 2004.

________. *Ação civil pública na justiça do trabalho*. 3. ed. São Paulo: LTr, 2008.

________. *Processo coletivo do trabalho*. São Paulo: LTr, 2009.

MENDES, Júlio Eduardo. *Consolidação da jurisprudência do Tribunal Superior do Trabalho*. São Paulo: LTr, 2010.

MENEZES, Cláudio Armando Couce de; BORGES, Leonardo Dias. *O moderno processo do trabalho*: tutela, arbitragem, execução, recursos. São Paulo: LTr, 1997.

MIRABETE, Júlio Fabbrini. *Código Penal interpretado*. 3. ed. São Paulo: Atlas, 2003.

MIRANDA, Pontes de. *Tratado de direito privado*. Campinas: Bookseller, Vol. 6, 2000.

MORAES, Alexandre. *Direito constitucional*. 15. ed., São Paulo: Atlas, 2004.

NASCIMENTO, Amauri Mascaro. *Iniciação ao direito do trabalho*. 24. ed. São Paulo: LTr, 2000.

________. *Curso de direito do trabalho*. São Paulo: Saraiva, 2008.

________. *Curso de direito processual do trabalho*. São Paulo: Saraiva, 2007.

________. *Compêndio de direito sindical*. 5. ed. São Paulo: LTr, 2008.

NERY, Nélson; NERY, Rosa Maria de Andrade. *Código de Processo Civil comentado e legislação extravagante*. 7. ed. São Paulo: RT, 2003.

________. *Código Civil comentado e legislação extravagante*. 3. ed. São Paulo: RT, 2005.

________. *Teoria geral dos recursos*. 6. ed. São Paulo: RT, 2004.

NERY JÚNIOR, Nélson. *Contratos no Código Civil. O novo Código Civil*. Estudo em homenagem a Miguel Reale, coords. Domingos Franciulli Netto, Gilmar Ferreira Mendes e Ives Gandra da Silva Martins. São Paulo: LTr, 2003.

NEVES, Daniel Amorim Assumpção. *Manual de direito processual civil*. São Paulo: Método, 2009.

OLIVEIRA, Francisco Antonio de. *O processo na justiça do trabalho*. 5. ed. São Paulo: LTr, 2008.

OLIVEIRA, Sebastião Geraldo de. *Indenizações por acidente de trabalho ou doença ocupacional*. São Paulo: LTr, 2005.

___________. *Proteção jurídica à saúde do trabalhador*. 5. ed. São Paulo: LTr, 2010.

PAMPLONA FILHO, Rodolfo. *O dano moral na relação de emprego*. 2. ed. São Paulo: LTr, 1999.

PRATA, Marcelo Rodrigues. *A prova testemunhal no processo civil e trabalhista*. São Paulo: LTr, 2005.

RÁO, Vicente. *O direito e a vida dos direito*. 3. ed. São Paulo: RT, 1991.

REQUIÃO, Rubens. *Curso de direito comercial*. 21. ed. São Paulo: Saraiva, 1993.

RIZZATTO NUNES. *Curso de direito do consumidor*. São Paulo: Saraiva, 2004.

RODRIGUES, Manoel Cândido. A prova testemunhal no Processo do Trabalho. In: *Compêndio de direito processual do trabalho*. Coord. Alice Monteiro de Barros. 3. ed. São Paulo: LTr, 2002.

RODRIGUES PINTO, José Augusto. *Processo trabalhista de conhecimento*. 7. ed. São Paulo: LTr, 2005.

___________. Reconhecimento *ex officio* da prescrição e processo do trabalho. In *Revista LTr* 70-04/391.

___________. *Execução Trabalhista:* Estática — Dinâmica — Prática. 11. ed. São Paulo: LTr, 2006.

___________. *Curso de direito individual do trabalho*. 5. ed. São Paulo: LTr, 2003.

RODRIGUEZ, Américo Plá. *Princípios de direito do trabalho*. 3. ed. São Paulo: LTr, 2000.

ROMITA, Arion Sayão. *Direitos fundamentais e relações de trabalho*. São Paulo: LTr, 2005.

SANTOS, Moacry Amaral. *Primeiras linhas de direito processual civil*. 2º Vol. 17. ed. São Paulo: Saraiva, 1995.

SANTOS, Ronaldo Lima dos. *Sindicatos e ações coletivas:* acesso à justiça, jurisdição coletiva e tutela dos interesses difusos, coletivos e individuais homogêneos. 2. ed. São Paulo: LTr, 2008.

___________. *Teoria das normas coletivas*. São Paulo: LTr, 2007.

SARAIVA, Renato. *Curso de direito processual do trabalho* 4. ed. São Paulo: Método, 2007.

___________. *Curso de direito processual do trabalho*. 5. ed. São Paulo: Método, 2008.

SCHIAVI, Mauro. *Manual de direito processual do trabalho*. 3. ed. São Paulo: LTr, 2010.

___________. *Manual de direito processual do trabalho*. 2. ed. São Paulo: LTr, 2009.

___________. *Manual de direito processual do trabalho*. 1. ed. 2ª tiragem. São Paulo: LTr, 2008.

___________. *Ações de reparação por danos morais decorrentes da relação de trabalho*. 3. ed. São Paulo: LTr, 2009.

___________. *Ações de reparação por danos morais decorrentes da relação de trabalho*. 2. ed. São Paulo: LTr, 2008.

___________. *A revelia no direito processual do trabalho*. São Paulo: LTr, 2006.

__________. *Competência material da justiça do trabalho brasileira*. São Paulo: LTr, 2007.

__________. *Execução no processo do trabalho*. 2. ed. São Paulo: LTr, 2010.

__________. *Execução no processo do trabalho*. São Paulo: LTr, 2008.

__________. *Comentários às questões polêmicas e atuais dos concursos: Magistratura e Ministério Público do Trabalho*. Vol. 1. São Paulo: LTr, 2008.

__________. *Comentários às questões polêmicas e atuais dos concursos: Magistratura e Ministério Público do Trabalho*. Vol. 2. São Paulo: LTr, 2008.

__________. *Comentários às questões polêmicas e atuais dos concursos: Magistratura e Ministério Público do Trabalho*. Vol. 3. São Paulo: LTr, 2009.

__________. *Comentários às questões polêmicas e atuais dos concursos: Magistratura e Ministério Público do Trabalho*. Vol. 4. São Paulo: LTr, 2009.

__________. *Provas no processo do trabalho*. São Paulo: LTr, 2010.

__________. Consórcio de empregadores urbanos. In: *Suplemento Trabalhista* 134/05.

__________. Os princípios do direito processual do trabalho e a possibilidade de aplicação subsidiária do CPC quando há regra expressa na CLT em sentido contrário. *Suplemento Trabalhista* 021/07. São Paulo: LTr, ano 43, p. 85.

__________. Aspectos polêmicos do *habeas corpus* na Justiça do Trabalho. *Suplemento Trabalhista* 40/07. São Paulo: LTr, abril de 2007.

__________. Aspectos polêmicos da ação anulatória de normas convencionais após a EC 45/04. *Revista JURIS PLENUM*. Ano III, n. 10. Fevereiro de 2007. Caxias do Sul. 2007.

__________. Novas reflexões sobre a prescrição de ofício no direito processual do Trabalho. In: *Suplemento Trabalhista* 49/2007. São Paulo: LTr, 2007.

__________. Aspectos polêmicos da intervenção de terceiros no processo do trabalho após a EC 45/04 e o cancelamento da OJ 227, da SDI-I, do C. TST. In: *Revista LTr* 71-05/555. São Paulo: LTr, maio de 2007.

__________. Saneamento das nulidades processuais na esfera recursal e a aplicabilidade do parágrafo 4º do art. 515 do CPC no processo do trabalho. In: *Suplemento LTr* 69/07. São Paulo, LTr, 2007.

__________. A questão do *comum acordo* para instaurar o dissídio coletivo de natureza econômica. In: *Jornal do 47º Congresso Brasileiro de Direito do Trabalho*. São Paulo: LTr, 2007.

__________. Aspectos polêmicos e atuais dos ritos sumário e sumaríssimo no processo do trabalho. In: *Revista LTr* 72-01/25. Janeiro de 2008.

__________. Aspectos polêmicos e atuais da execução provisória na justiça do trabalho à luz das recentes alterações do CPC. In: *Suplemento Trabalhista* 21/08.

__________. Aspectos polêmicos e atuais da penhora no processo do trabalho à luz da Lei n. 11.382/06. In: *Suplemento Trabalhista* 31/08.

__________. Novas reflexões sobre a aplicabilidade do art. 475-J do CPC ao Processo do Trabalho à luz da recente jurisprudência do TST. In: *Revista LTr* 72-03/271.

___________. Dano moral reflexo ou em ricochete decorrente da relação de trabalho. In: *Suplemento Trabalhista* 43/08, p. 213-215.

SILVA, De Plácido e. *Vocabulário jurídico*. Vol. I. 12. ed. Rio de Janeiro: Forense, 1996.

TEIXEIRA FILHO, Manoel Antonio. *Petição inicial e resposta do réu*. São Paulo: LTr, 1996.

___________. *A prova no processo do trabalho*. 8. ed. São Paulo: LTr, 2003.

___________. *Execução no processo do trabalho*. 9. ed. São Paulo: LTr, 2005.

THEODORO JÚNIOR, Humberto. *Curso de direito processual civil*. 23. ed. Vol. 1. Rio de Janeiro: Forense, 1998.

Produção Gráfica e Editoração Eletrônica: **RLUX**

Design de capa: **FÁBIO GIGLIO**

Impressão: **AM PRODUÇÕES**